JINENG BAOGUO RONGYAO KASHAN
SHIJIE JINENG DASAI TONGPAI HUODEZHE HEJIANGTAO BEIHOU DE GUSHI

技能报国 荣耀喀山

第45届

世界技能大赛铜牌获得者
贺江涛背后的故事

·郑州·

图书在版编目（CIP）数据

技能报国　荣耀喀山：世界技能大赛铜牌获得者贺江涛背后的故事 / 杨箴立，杨悦主编 . -- 郑州：河南大学出版社，2020.2（2021.8重印）
ISBN 978-7-5649-4127-7

Ⅰ . ①技… Ⅱ . ①杨… ②杨… Ⅲ . ①江涛－生平事迹 Ⅳ . ① K828.4

中国版本图书馆 CIP 数据核字（2020）第 027541 号

责任编辑	林方丽
责任校对	张雪彩
封面设计	马　龙
排版设计	李雪艳

出版发行	河南大学出版社
	地　址　郑州市郑东新区商务外环中华大厦2401号
	邮　编：450046
	电　话：0371-86059701（营销部）
	网　址：hupress.henu.edu.cn
印　刷	郑州印之星印务有限公司
版　次	2020年2月第1版
印　次	2021年8月第3次印刷
开　本	880mm×1230mm　1/32
印　张	5.00
字　数	104千字
定　价	30.00元

版权所有·侵权必究
本书如有印装质量问题，请与河南大学出版社营销部联系调换

编委会名单

编委会主任： 张志林

编委会成员： 杨篯立　张橡楠　刘　岳　张道勇　徐锡志
　　　　　　　陈世林　周宝西　张　林　潘反修　王坤辉
　　　　　　　苏永东　宋占东　刘福建　杨德岭　王玉泉
　　　　　　　郭国强　张吉生　赵苑华　李树伟　黄忠兴
　　　　　　　谢风来　李永安　崔长晋　梁晓莉　侯联营
　　　　　　　陈学军　谢　添　朱宏洲　李　强　党　珂
　　　　　　　张俊峰　史振彬

主　　编： 杨篯立　杨　悦
参　　编： 陈　征　尹　杰　于　海　徐琳怡　曹丽屏
　　　　　　　郑思涵

序 言

今年 8 月,河南化工技师学院(简称"河南化院"或"化院")世界技能大赛(简称"世赛")团队在俄罗斯喀山经历了难忘的世赛之旅。6 天时间,短暂又漫长,有欢笑有泪水,有坎坷有收获,有遗憾也有惊喜……

论"剑"喀山,他们不虚此行。在"世界技能奥林匹克"赛场上,代表中国出战的河南选手贺江涛克服了难以想象的重重困难,勇夺宝贵奖牌。这是河南省第一次有本省培养的选手代表中国参加世赛,也是河南省技工院校第一次在世赛上夺取奖牌,开创了河南省技工院校世赛历史先河。贺江涛和他所在的河南化院世赛团队用汗水和心血为祖国争得荣耀,这是河南的光荣,也是河南技工院校所有师生的光荣!

技能强则中国强。劳动者素质对国家和民族的发展至关重要。技术工人队伍是支撑中国制造、中国创造的重要基础。中国综合国力的增强、民族品牌的打造不仅需要高端科学家,也需要精益求精的大国工匠。

技工院校是高技能人才成长的摇篮、大国工匠的沃土。自 2009 年以来,中华人民共和国人力资源和社会保障部(简称"人力资源和社会保障部"或"人社部")与河南省政府连续 3 轮省部共建河南全民技能振兴工程,省委省政府出台有关技能人才培养的利好政策，持续加大对技工院校发展建设的投入，贯通技能人才与专业技术人才发展通道，提高技术工人待遇，全面推行企业新型学徒制……社会大众对技能教育的认识也在不断更新转变——"劳动创造美好生活，技能创造出彩人生"的理念越来越深入人心，无数从技工院校走出的年轻人身怀一技之长，充满信心步入社会，不仅端稳"金饭碗"，更走上"追梦路"。

今年8月，习近平总书记在视察张掖市山丹培黎学校时指出，三百六十行，行行出状元，要大力提倡工匠精神，不断向实体经济输送专业技术人才。这为我国技能教育的发展指明了方向，也为更多技工院校的学子树立了实现自我、技能报国的决心。

宝剑锋从磨砺出，梅花香自苦寒来。贺江涛以"'黑马'逆袭"的奇迹，向我们诠释了什么是"越努力，越幸运"。他取得成功并非偶然，佳绩来自河南化院举全校之力的支持，来自整个团队的精诚合作，来自他不负青春的忘我拼搏。

贺江涛是河南高素质技能人才中的佼佼者，也是我们学习的榜样。我们要向贺江涛学习，学习他自觉自愿的干劲，学习他善学善思、精益求精的钻劲，学习他让微笑成为习惯的亲劲，学习他遇到挑战不服输的倔劲，学习他遇到挫折不气馁的韧劲，以世赛精神引领技工教育工作，以世赛经验提升技工教育水平。

荣誉代表过去，奋斗成就未来。

我们为此次河南在世赛上取得的突破而欣喜骄傲，同时，我们更应该把眼光投向明天。2021年上海世赛已经吹响集结号，时代在召唤更多优秀的青年投身技能报国的洪流。

技能人才大有可为，技工院校大有可为！在世界技能大赛上夺取奖牌不是我们的唯一目的，加快世赛成果转化，大规模培养新时代大国工匠，实现技能报国和提高就业质量，为党育人为国育才，才是我们不变的初心。

每一滴汗水都能折射出璀璨阳光，每一份付出都能让梦想照进现实。我们有幸生于这个劳动光荣、技能宝贵、创造伟大的时代，每一位劳动者都能成为自己人生的主人。让我们不忘初心、牢记使命、高举旗帜、团结奋进；让我们尊重劳动、尊重知识、尊重人才、尊重创新、尊重创业；让我们弘扬工匠精神，焕发实干兴邦的劳动热情和创造激情；让我们用勤劳的双手创造属于自己的幸福和光荣，将小我的人生梦与辉煌壮丽的中国梦交织成最美的青春诗篇！

编　者
2019 年 11 月

目 录

- **001** 习近平总书记对我国技能选手在第45届世界技能大赛上取得佳绩作出重要指示
- **002** 中共中央政治局常委、国务院总理李克强对我国技能选手在第45届世界技能大赛上取得佳绩作出批示
- **003** 河南省人力资源和社会保障厅关于开展向贺江涛同志学习活动的通知
- **008** 宝剑锋从磨砺出 梅花香自苦寒来

- **009** 世界技能大赛简介
- **012** 技能报国 不负重托　　　　　　　　尹　杰
- **018** 载誉归来 备受推崇　　　　　　　　杨　悦
- **028** 幸福都是奋斗出来的　　　　　　　　贺江涛
- **037** 骄傲少年 向阳奔跑　　　　　　　　于　海
- **046** 梦想还是要有的　　　　　　　　　　陈　征
- **055** 润心强体 化茧成蝶　　　　　　　　曹丽屏

063	乘风破浪会有时	徐琳怡
075	越努力，越幸运	徐琳怡　于　海　郑思涵
086	贺江涛参加世赛历程	陈　征

098　世赛故事　精彩传扬

099	乾坤未定　你我皆"黑马"	技能中国
106	了不起！这位来自开封河南化院的帅小伙勇夺世赛奖牌！	开封网
112	河南化工技师学院中德班贺江涛荣获第45届世界技能大赛铜牌	凤凰网河南综合
114	追星就追这样的星	开封日报
118	省厅领导会见第45届世界技能大赛铜牌得主贺江涛	河南省人力资源和社会保障厅官方网站
120	河南省人社厅领导慰问世界技能大赛获奖选手贺江涛，勉励河南化院培养更多优秀技能人才，为出彩中原增添新的荣光	开封网　开封日报
124	实现河南零突破！新乡小伙获世界技能大赛铜牌，认真的样子帅呆了	河南商报

128 河南小伙"过5关战9将"华丽逆袭　勇夺世界技能大赛奖牌
　　　　　　　　　　　　　　　　　　　　　　大河网

132 人力资源和社会保障部召开世赛总结大会　深入学习贯彻习近平总书记重要指示精神　我省选手贺江涛获奖励！
　　　　　　　　　　　　　　　　　　　　　　河南就业

137 世界技能大赛选手贺江涛的青春奋斗曲
　　　　　　　　　　　　　　　　　　　　　河南工人日报

140 贺江涛：第45届世界技能大赛勇夺铜牌
　　　　　　　　　　　　　　　　　　　　　河南广播电视台

习近平总书记对我国技能选手在第45届世界技能大赛上取得佳绩作出重要指示

中共中央总书记、国家主席、中央军委主席习近平近日对我国技能选手在第45届世界技能大赛上取得佳绩作出重要指示，向我国参赛选手和从事技能人才培养工作的同志们致以热烈祝贺。

习近平强调，劳动者素质对一个国家、一个民族的发展至关重要。技术工人队伍是支撑中国制造、中国创造的重要基础，对推动经济高质量发展具有重要作用。要健全技能人才培养、使用、评价、激励制度，大力发展技工教育，大规模开展职业技能培训，加快培养大批高素质劳动者和技术技能人才。要在全社会弘扬精益求精的工匠精神，激励广大青年走技能成才、技能报国之路。

习近平指出，我国将举办2021年上海第46届世界技能大赛，要做好各项筹备和组织工作，加强同各国在技能领域的交流互鉴，展示我国职业技能培训成就和水平，努力办成一届富有新意、影响广泛的世界技能大赛。

中共中央政治局常委、国务院总理李克强对我国技能选手在第45届世界技能大赛上取得佳绩作出批示

中共中央政治局常委、国务院总理李克强作出批示指出,技能人才是国家的宝贵资源,是促进产业升级、推动高质量发展的重要支撑。要坚持以习近平新时代中国特色社会主义思想为指导,贯彻党中央、国务院决策部署,更加重视技能人才培养,实施好职业技能提升行动,紧扣需求发展现代职业教育,办好技工院校,完善技术工人职业发展机制和政策,使更多社会需要的技能人才、大国工匠不断涌现,依托大众创业、万众创新,促进新动能成长壮大和就业增加。同时,要加强技能领域国际合作,做好第 46 届世界技能大赛筹办工作,推动形成广大青年学习技能、报效国家的浓厚氛围。

河南省人力资源和社会保障厅文件

豫人社〔2019〕24号

河南省人力资源和社会保障厅
关于开展向贺江涛同志学习活动的通知

各省辖市、济源示范区管委会、省直管县（市）人力资源社会保障局，各技工院校：

贺江涛，男，1998年9月出生，河南省新乡市获嘉县人，于2016年进入河南化工技师学院机电仪一体化专业学习，现为河南化工技师学院教师。2019年8月，在俄罗斯喀山举办的第45届世界技能大赛中，贺江涛同志不畏强手、顽强拼搏，克服重重困难夺得工业控制项目铜牌，为国家、为河南争得了荣誉。

贺江涛同志是河南省培养出的知识型、技术型、创新型人才的优秀代表，是河南省广大技工院校师生学习的技能榜样。他的事迹经世赛中国、技能中国、河南日报、河南电视台、大河报、河南商报、河南工人日报、新浪网、搜狐网、腾讯网、凤凰网、人力资源和社会保障部官网、省人力资源社会保障厅官网等国家级、省级媒体广泛报道后，在社会上及全省技工院校中产生强烈反响。为充分发挥世界技能大赛引领作用，激励广大青年走技能成才、技能报国之路，河南省人力资源和社会保障厅决定在全省技工院校开展向贺江涛同志学习活动。

一、学习他顽强拼搏、积极主动的干劲。面对高强度训练任务，贺江涛同志始终积极主动，坚信训练不是"让我做"而是"我要做"。他在国家队集训的近七个月时间里，坚持每天训练到晚上 12 点，保质保量完成训练作业，而且不以为苦、自觉加压，主动请求随队教练为自己出题加练，向训练要成绩。从第 10 名入队到"10 进 5"第 2 名再到"5 进 1"第 1 名，打了个漂亮的翻身仗，最终成功以世赛正选选手出征喀山。学习贺江涛同志，就是要学习他这种顽强拼搏、积极主动的干劲，不虚度每一寸在校学习的光阴，珍惜每一次磨炼提升的机会，用奋斗实干书写最美的青春。

二、学习他善学善思、精益求精的钻劲。在河南化工技师学院的学习培养了贺江涛同志扎实的专业技能和较强的综合素质，还帮助他养成了勤学善问、刻苦钻研、精益求精的良好习惯。进入国家集训队后，他每天一结束训练就先梳理思路、复盘一天的训练得失，再明确第二天的训练目标。在遇到难题时，他不急于请教教练得到正确答案，而是通过自己积极思考、与队友充分交流，最终找到最理想的解决办法。"苦干"加"巧干"，使他最终实现了技高一筹的目标。学习贺江涛同志，就要学习他这种善学善思、精益求精的钻劲，在日常学习和实习实训中培养勤于思考、善于钻研的习惯，时刻锻铸"工匠精神"。

三、学习他让微笑成为习惯的亲劲。在国家集训队中，队友既是朋友更是对手，高强度的训练与巨大的心理压力令人难以承受，但贺江涛同志一直以他阳光开朗的性格，和队友、教练相处极为融洽。不管竞争多么激烈、训练多么艰苦，他都牢记自己是团队一分子，不计较个人得失，以积极正面的心态面对挑战，以包容宽厚的品质对待队友，良好的人际关系助力了他个人的快速成长。学习贺江涛同志，就是要学习他这种团结包容、积极阳光的亲劲，让微笑成为习惯，真诚友善地对待同学师长，营造和谐融洽的团队氛围。

四、学习他遇到挑战不服输的倔劲。贺江涛同志在备战世赛过程中，深入剖析自己的优势和劣势，找出自己的知识技能短板，迎难而上、主动征服；还请教练以最严苛的评判标准对他考核，邀请别的随队教练对他"挑刺找茬"，终于成功战胜自我，将短板变强项，在国家集训队"5进1"考核中毫无悬念地取得第一名。学习贺江涛同志，就是要学习他不畏挑战、勇于战胜自我的倔劲，在克服困难中提升技能、磨砺本领，成为超越自我的新一代有为青年。

五、学习他遇到挫折不气馁的韧劲。在备战世赛以及征战喀山的过程中，贺江涛同志始终对于挫折有正确认识，胜不骄败不馁。无论是在国内预选赛中涉险过关，还是在世界技能大赛第四天比赛中被扣去关键分数，他坚持冷静应对、沉着应战，以"绝不放弃"的坚韧品质完成整场比赛，最终夺取世赛奖牌。学习贺江涛同志，就是要学习他这种遇到挫折不气馁的韧劲，锻炼宠辱不惊的心理素质，坚定百折不挠的进取意识，把坚韧的品格锻铸进人生。

各技工院校要充分认识开展向贺江涛同志学习的重要意义，在学校迅速掀起向贺江涛同志学习的热潮，激发他们备战和参加第46届世界技能大赛的热情；要把学习贺江涛同志的先进事迹与弘扬工匠精神结合起来、与学校备战第46届世赛结合起来，统筹安排，扎实推进，切实把向贺江涛同志学习活动落到实处；要充分利用报刊、广播、电视、微博、微信以及校报校刊、展板橱窗等宣传阵地，通过组织学习、讨论、座谈及征文比赛、演讲比赛等多种形式，大力宣传贺江涛同志的先进事迹，通过树立技能榜样，弘扬工匠精神，进一步扩大技能竞赛的影响力，激励更多学子通过技能教育实现人生价值。

各技工院校要通过宣传贺江涛同志事迹，努力向榜样学习、向先进看齐，认真总结经验，强化学生心理、体能、语言等综合素质，努力培养更多高水平的参赛选手，全力备战第46届世界技能大赛；要以学习贺江涛同志活动为契机，深入落实立德树人根本任务，引领激励广大青年走技能成才、技能报国之路，打造一支脚踏实地、精雕细琢的工匠型技能人才队伍，为谱写新时代中原更加出彩的绚丽篇章作出新的、更大的贡献。

各技工院校开展向贺江涛同志学习活动的落实情况,要及时报告省人力资源社会保障厅。

联系人:李 哲　电话(传真):69690108

2019 年 12 月 20 日

(此件主动公开)

(联系单位:职业能力建设处)

宝剑锋从磨砺出　梅花香自苦寒来

贺江涛荣获第45届世界技能大赛铜牌的获奖证书

贺江涛能代表中国在第45届世界技能大赛工业控制项目取得优异的成绩,是其努力拼搏,也是省厅领导、学校领导、专家教练、系部老师、心理体能团队、后勤保障团队、行政宣传部门、兄弟单位等方方面面共同努力的结果,是大家艰苦奋斗、踏实肯干、积极阳光、尊重包容、团结协作、精益求精的奋斗华章。

世界技能大赛简介

世界技能大赛（WorldSkills Competition，WSC）是迄今全球地位最高、规模最大、影响最强的职业技能竞赛，被誉为"世界技能奥林匹克"，其竞技水平代表了职业技能发展的世界先进水平，是世界技能组织成员展示和交流职业技能的重要平台。世界技能大赛由世界技能组织（WorldSkills International，WSI）举办，每两年一届，截至目前已成功举办45届。

第45届世界技能大赛开幕式中国代表团入场（来源：技能中国）

世界技能大赛现有56个项目,分为6大类,分别是运输与物流、结构与建筑技术、制造与工程技术、信息与通信技术、创意艺术与时尚、社会与个人服务。

第45届世界技能大赛共有来自69个国家和地区的1355名选手参赛,1304名专家参与执裁等工作,394名非英语国家的翻译在比赛期间为选手提供语言帮助。世界技能大赛涵盖了工业和社会需要技能的方方面面,涉及了传统工艺与现代技术,随着技术的进步它也会不断增加新的项目。一个国家或地区在世界技能大赛中取得的成绩在一定程度上代表了这个国家或地区的技能发展水平,反映了这个国家或地区的经济技术实力。世界技能大赛已得到世界各国,尤其是制造业强国的高度重视和大力支持。

世界技能大赛成员国国旗(来源:世界技能大赛中国组委会官网)

2011年中国首次派代表团参加第41届世界技能大赛，中国选手勇夺焊接项目银牌。第42届世界技能大赛中国代表团收获1银3铜。第43届世界技能大赛中国代表团取得了5金6银4铜的成绩，实现金牌零的突破。第44届世界技能大赛中国代表团获得15金7银8铜，位列金牌榜首位。2019年8月，在俄罗斯喀山举办的第45届世界技能大赛，中国代表团夺得16金14银5铜，荣登金牌榜、奖牌榜、团体总分第一。

第45届世界技能大赛闭幕式现场

技能报国　不负重托

——河南省人力资源和社会保障厅党组书记、厅长，省委组织部副部长刘世伟与世赛获奖选手贺江涛座谈

尹　杰

世界技能大赛是世界技能领域规模最大的综合性赛事，每两年一届，代表着世界职业技能领域的巅峰，被誉为"世界技能奥林匹克"。

第 45 届世界技能大赛开幕式

2019 年 8 月 22 日至 27 日，第 45 届世界技能大赛在俄罗斯喀山举行，全球有来自 69 个国家和地区的共 1355 名选手参赛。中国代表团派出了来自全国各地院校、大型企业的 63 名

顶尖技能高手参赛，代表着我国的最高技能水平。在本届世赛中，来自河南化工技师学院的贺江涛战胜了日本、德国、瑞士、巴西等 13 个国家的对手，获得工业控制项目铜牌。这是河南省第一次有本省培养的选手代表中国参加世赛，也是我省技工院校第一次在世赛上夺取奖牌，开创了河南技工院校世赛历史先河。

9 月 11 日，河南省人力资源和社会保障厅党组书记、厅长，省委组织部副部长刘世伟会见贺江涛和河南化工技师学院世赛团队一行，向贺江涛和河南化工技师学院世赛团队表示祝贺！他高兴地说："贺江涛作为咱河南省技工院校自己培养的

河南省人力资源和社会保障厅党组书记、厅长，省委组织部副部长刘世伟（中）会见贺江涛和河南化工技师学院世赛团队

首位世赛选手，在世界技能大赛赛场上不畏强手、勇于拼搏，为国家、为河南争得了国际荣誉，可喜可贺。"同时，他指出："世界技能大赛代表着世界技能的最高水平，竞争极为激烈。

这次参赛不仅为我省完善世赛选手培养体系积累了宝贵经验，也增强了河南技工院校参与世界技能大赛的信心，对推进我省技能培训工作意义重大。江涛获得世赛奖牌，起到了很好的榜样示范作用，必将激励更多学子通过技能教育实现人生价值，圆技能报国之梦。走技能之路，大有可为！"

刘世伟强调，习近平总书记对我国技能选手在第45届世界技能大赛上取得佳绩作出了重要指示，深刻阐明了技能人才队伍建设的重大意义。总书记指出，劳动者素质对一个国家、一个民族发展至关

河南省人力资源和社会保障厅党组书记、厅长，省委组织部副部长刘世伟会见贺江涛

重要。技术工人队伍是支撑中国制造、中国创造的重要基础，对推动经济高质量发展具有重要作用。省委省政府高度重视技能人才工作，自2009年省部共建河南全民技能振兴工程以来，连续3轮签署省部共建河南全民技能振兴工程合作备忘录，先后投入21.23亿元，带动各级财政和社会投入170多亿元，累计培训3500多万人次，在全国省级层面率先出台职业培训条例。截至2018年年底，全省技能人才总量达到688.72万人，其中高技能人才总量达到189.14万人。河南技能人才工作已成为全国职业培训的一块"金字招牌"。此次世界技能大赛摘取奖牌，正是我省积极实施河南全民技能振兴工程、完善技能

人才培养体系、推进职业技能培训转型升级、强力打造"技能河南"结出的硕果。

刘世伟指出，技工院校在技能人才培养方面发挥着不可替代的重要作用。近年来，全省技工院校在省委省政府的正确领导下，在人力资源和社会保障部的有力支持下，坚持"高端引领、校企合作、多元办学、内涵发展"的办学理念，以服务为宗旨，以就业为导向，对接科技发展趋势和市场需求，深化产教融合、校企合作，实施一体化课程教学改革，拓展职业教育培训国际化校企合作平台，大力推动技工教育高质量发展，既为我省转变经济发展方式提供了技能人才保障，也培养选拔了一大批优秀学员进军全国和世界技能赛场。本届世赛除贺江涛获得奖牌外，我省还有23个项目共24名选手进入国家集训队，这些成绩充分说明，我省技工院校培训工作成效显著，竞赛人才培养体系逐步完善，河南技工院校正稳步走向世界。他进一步强调，要提升我省技工教育国际化水平，加强与世界各国在技能培训领域的交流切磋，进一步学习研究世界技能先进技术标准，完善"组织领导、专业教练、综合保障、系统培训"四位一体的选拔培养体系，不仅培养拿奖牌的"塔尖"，更培育好苗子的"优质土壤"，从更高层次上做好技能竞赛工作。

当得知贺江涛婉拒外地200万元年薪坚决留校任教，并已加入河南化工技师学院世赛教练团队时，刘世伟对此高度赞赏："献身技能教育是光荣的选择，值得称赞！有这样努力拼搏、甘于奉献的获奖选手和获奖教练，一定能带出一支获奖队伍！第46届世界技能大赛将于2021年在上海举行，世赛各级选拔赛也即将展开，省厅将大力支持各技工院校积极备战。希望河南化工技师学院好好总结此次参加世赛的经验，对标国际先进水平，苦练技能，力争在下一届的世界技能大赛上取得更加优异的成绩。"

贺江涛与工业控制项目专家组组长闫虎民（左）、第46届世赛工业控制项目观察员马丹（右）在喀山赛场

刘世伟要求，全省各级人力资源和社会保障部门和技工院校要深入学习贯彻习近平总书记重要指示和调研指导河南时的重要讲话精神，认真总结参加世界技能大赛经验，学习借鉴国际先进做法，对接世界技能大赛标准，大规模开展职业技能竞赛，促进岗位练兵、技能比武，强化竞赛成果转化，加强心理、体能、语言等多方面的综合培养，努力培养更多高水平的参赛选手，全力备战第46届世界技能大赛，引领带动我省技工教育和技能人才队伍建设工作，不断提升职业技能培训质量和水平。各技工院校要以备战世赛为契机，充分发挥世界技能大赛的示范引领作用，促进院校师资培养、课程标准、教学要求与世界先进标准对接，全面提高教育教学质量，加快培养高技能人才后备力量，引领激励广大青年走技能成才、技能报国之路，打造一支脚踏实地、精雕细琢的工匠型技能人才队伍，

为谱写新时代中原更加出彩的绚丽篇章作出新的、更大的贡献!

会前,河南省人力资源和社会保障厅(简称"河南省人社厅")党组成员、副厅长李甄专程前往河南化工技师学院,看望慰问贺江涛及世赛团队,并为贺江涛及教练团队颁发奖金。

上　贺江涛在河南化院第35个教师节大会上发言
下　河南省人社厅党组成员、副厅长李甄为贺江涛及教练团队颁发奖金

载誉归来　备受推崇

杨　悦

师生迎接　气氛热烈

2019年8月30日12:24,从北京发车的G801次高铁准点到达开封北站,前一天才从俄罗斯飞回国内的贺江涛身着中国代表队领奖服走出站台,胸前鲜红的国徽格外亮眼。顿时,接站的师生爆发出热烈的掌声与欢呼声,学校党委书记唐维彦、校长杨箴立带领学校师生代表喜迎归国的技能骄子。

河南化院师生赴开封北站欢迎贺江涛凯旋

唐维彦书记、杨箴立校长为贺江涛及其教练授花

技能标兵　全校明星

"追星就追这样的星""贺江涛真帅",贺江涛回到学校后,迎接他的是已经成为"迷弟迷妹"的化院学子,大家为拥有这样一位取得世界荣誉的学长而感到无比骄傲。因此,学校迅速开展"向贺江涛学习"系列活动,向新生普及世界技能大赛知

贺江涛回到学校受到全校师生的欢迎

全校师生为欢迎贺江涛而制作的手幅

识,鼓励弘扬世界技能大赛精神,营造河南化院全体师生弘扬工匠精神、勇攀技能高峰的氛围,树立我们身边的技能榜样,从而激励全校教师强化技能,争做"一体化"教师;鼓励学生学习工匠精神,练好专业技能,争做新时代工匠。

领导关怀　倍感温暖

2019年8月25日,在贺江涛于俄罗斯喀山参赛的过程中,国家人社部副部长汤涛亲自到场馆休息区慰问贺江涛,并预祝贺江涛取得优异成绩。

汤涛副部长为河南化院加油

汤涛副部长慰问贺江涛

2019年8月29日，在贺江涛等63名国家队选手载誉归国之时，全国政协副主席汪永清亲自到机场接机，对贺江涛等选手亲切慰问并表示祝贺。

全国政协副主席汪永清到首都机场接机

2019年10月23日，第45届世界技能大赛参赛总结大会在北京举行。中共中央政治局委员、国务院副总理胡春华在会上宣读了习近平重要指示和李克强批示并致辞。他在致辞中指出，技能人才是我国人才队伍的重要组成部分，要采取更加有力的措施为广大技能劳动者成长成才创造条件。希望参赛选手坚守初心，在技能成才、技能报国的道路上取得更大成绩，作出更大贡献。

中共中央政治局委员、国务院副总理胡春华接见第45届世赛中国代表团选手及专家

2019年9月10日，河南省人力资源和社会保障厅党组成员、副厅长李甄到河南化工技师学院会见贺江涛及其教练团队，表示祝贺与鼓励，

河南省人社厅党组成员、副厅长李甄等省厅领导到河南化院会见贺江涛及其教练团队

并指出，贺江涛获得世界技能大赛铜牌，这是我们河南技工院校系统参加技能大赛的一个突破，也为学校树立了一块"金字招牌"。

2019年9月11日，河南省人社厅党组书记、厅长，省委组织部副部长刘世伟在人社厅会议室亲切会见贺江涛及其学校领导、教练。刘厅长表示："贺江涛作为咱河南省技工院校自己培养的首位世赛选手，在世界技能大赛赛场上不畏强手、勇于拼搏，为国家、为河南争得了国际荣誉，可喜可贺。"

河南省人社厅党组书记、厅长，省委组织部副部长刘世伟与贺江涛及其主教练陈征合影

贺江涛在第二届中国·河南招才引智创新发展大会上发言

2019年10月26日,第二届中国·河南招才引智创新发展大会世界技能大赛论坛举办,河南省副省长戴柏华出席并致辞,贺江涛作为五位发言嘉宾之一,在大会上做了题为《走进世界技能大赛,技能荣耀出彩人生》的主题发言。

2019年11月4日,新乡市委副书记、市人民政府党组书记、市长王登喜等领导在新乡市委市政府贵宾接待厅会见贺江涛。王登喜代表市委市政府向贺江涛表示祝贺,勉励他再接再

新乡市委副书记、市人民政府党组书记、市长王登喜在新乡市市委市政府贵宾接待厅会见贺江涛

厉、再立新功。贺江涛对王市长的祝贺表示感谢,然后向王市长叙述了自己在国家选拔赛、国家集训队"10进5"考核和国家集训队"5进1"考核以及喀山世界技能大赛中的表现。贺江涛表示,自己作为新乡人,能代表中国为河南赢得世界荣誉,感到非常荣幸。新乡市人民政府副秘书长李亮、新乡市人力资源和社会保障局局长王学胜、获嘉县人民政府县长刘军伟、获嘉县人民政府副县长石如意、获嘉县办公室副主任杨修奎出席会议。

2019年11月4日,新乡市获嘉县委书记王永记带领县委县政府班子成员会见贺江涛教练团队领导及成员,会议由获嘉县常务副县长杨新意主持。会议上,获嘉县教育体育局局长宣读了获嘉县政府对贺江涛同志的嘉奖令,获嘉县人力资源和社会保障局局长宣读了全县向贺江涛同志学习的文件。王永记书记作总结讲话指出,贺江涛在第45届世界技能大赛上勇夺工

获嘉县县委书记王永记会见贺江涛教练团队领导及成员

业控制项目铜牌，这不仅是国家的荣誉、河南的荣誉，同时也是获嘉的荣誉。获嘉县在产业升级改造、供给侧改革中，需要的就是像贺江涛同志这样的大国工匠，更需要全县人民学习贺江涛同志这种艰苦奋斗和精益求精的工匠精神。

2019年9月12日，贺江涛受邀返回曾经就读的获嘉二中，向校领导和班主任讲述自己的世赛之路，在学弟学妹的掌声和欢呼声中和班主任老师合影。

2019年9月12日，获嘉县亢村镇贺庄村支部书记在村委会挂起大红条幅，对归来的贺江涛表示祝贺，称赞他是获嘉的骄傲。

上 贺江涛受邀返回曾经就读的获嘉二中

下 获嘉县亢村镇贺庄村支部书记对归来的贺江涛表示祝贺

技能之行　红色之旅

2019年10月28日，由中华人民共和国人力资源和社会保障部主办的第4届中国青年技能营活动在江西举行，第45届世界技能大赛中国参赛选手和备选选手，全国各地技工院校优秀学生代表及香港、澳门的技能青年代表近200人参加了此次活动。活动期间，营员们来到南昌、宁都、瑞金和赣州。

28日上午，第4届中国青年技能营首场活动——第45届世界技能大赛先进事迹报告会在南昌举行。人社部国际交流中心主任付跃钦出席，江西省委组织部副部长，省人社厅党组书记、厅长刘三秋出席并致辞，江西省人社厅党组成员、副厅长刘克琦主持报告会。

第4届中国青年技能营活动中举行第45届世界技能大赛先进事迹报告会

贺江涛参加第4届中国青年技能营合影

幸福都是奋斗出来的

贺江涛

贺江涛向全校师生讲述自己的世赛经历

如果你问我幸福是怎么来的,我想我会回答你幸福应该都是奋斗出来的。

在此次我参加第45届世界技能大赛以前,工业控制项目的国家集训队里还未出现过河南选手。去年,我以第10名的成绩入选国家集训队,在"10进5"的三轮考核中,取得总分第2名,成功晋级下一阶段;又在"5进1"的两轮考核中,以总分第1名的身份获得国家正选选手资格。2019年8月,我为国出征,征战喀山,在第45届世界技能大赛中获得工业控制项目铜牌。

在我们河南,有一家人嫌门前的山阻碍出入,于是,一家人齐心协力将这座山搬走了,这就是愚公移山的故事;在我们河南,有一个地方的人缺水喝,于是,他们削平了1250个山头，修了一条人工渠，这就是壮丽的红旗渠；在我们河南，有一群人，也渴望能去征服一座"山"，这座"山"，叫作"喀山"，这群人，就是我们参加世赛国家选拔赛的所有河南选手。

我是踏着门槛侥幸进入国家集训队的，但我从来没想过要到国家集训队"打个酱油"。我坚持"不比聪明比努力"的信念，用尽全力拼这一次，因为世赛有年龄限制，我只有这一次机会，我不想留下遗憾。面对"往年国家集训队，从来没有过第10名成为正选"的现状，除了努力再努力，我没有别的想法。从"10进5"的第2名，到"5进1"的第1名，再到成为正选，论"剑"喀山，有人说我幸运，但万水千山走过，只有我自己明白，天道酬勤，越努力，越幸运！

说到总结经验，我有"五股劲"想和大家分享一下。

要有自觉自愿的干劲

训练不是"让我做"，而是"我要做"。在国家队集训的近七个月时间里，我每天都和伙伴们训练到晚上12点左右，有时候负责场地的保安伯伯们都会给我们"提意见"，关切地问："你们训练这么晚，身体能吃得消吗？"但是我觉得很充实，我常为努力了好几天终于解决了一个难点而欣喜和兴奋。很多人都讨厌做作业，而我常常"抱怨"随队教练出题的速度赶不上我做题的速度，直"逼"得教练联起手来出题考我们。

贺江涛进入第 45 届世赛国家集训队后返校与教练团队合影

要有善学善思、精益求精的钻劲

我们常说"学习如逆水行舟，不进则退"，在国家队集训更是如此。集训队里高手如云，所有选手都是经过层层遴选才突出重围，凭实力站到这支队伍里的。因此，我只有更加努力地钻研，才有技高一筹的可能。每天早晨到集训场地后，我都会先冷静地梳理一下思路，复盘昨天训练的得失，明确今天训练的目标。在没有寻找到答案之前，我都会拿出半个小时的时间观察我的队友们是怎么解决问题的，也会和他们充分交流，直到找到一套适合自己的方法。

记得在一次考核中，一道不难的考题却难倒了许多选手。为什么呢？这是因为其他选手都选择了既定的做题思路，而我大胆创新，加了一段小程序，大大缩短了验证时间，在别人草

贺江涛在"10进5"第二轮集训中

草收尾时,我则有充分的时间验证和优化。那一次考核,只有我拿了高分。

要有让微笑成为习惯的亲劲

说到这里有人会有疑问:在集训队里彼此都是竞争对手,

贺江涛在日常训练中

大家会敞开心扉，开诚布公地交流吗？如果你这样想就错了，我和队友间的关系一直很融洽，因为我还有秘密武器，那就是微笑！

在我们河南化工技师学院有一句大家常说的话：让微笑成为习惯。微笑是一种宽容、一种接纳，它缩短了彼此间的距离，使人与人之间心心相通。如果说行动比语言更具有力量，那么微笑就是无声的行动。校园内外，赛场上下，不管竞争有多么激烈，不管训练有多么艰苦，一个微笑就能带我感悟人生的美好，使我放下身上的重担，走上新的征途。

微笑是一种积极阳光的心态，我会用这种心态面对队友和身边其他人。微笑让我除集训队友之外，还结交了很多集训基地的朋友。每个集训基地管理仓库的同学都会优先给我准备耗材让我训练，有时候缺一些小物件时，他们甚至会拿出个人"库存"让我用。良好的人际关系让我常常会有意想不到的收获。

在遇到困难和挫折时，我也会努力给自己一个微笑，嘴角上扬的同时审视内心，走出阴影，重拾信心。

要有遇到挑战不服输的倔劲

在比赛的四个模块中，有三个模块是我的强项。相较而言，安装模块是我的短板，这是我在前几次考核中无法取得第1名的主要原因。面对困难和挑战，我只想迎难而上。我请教练以最严苛的评判标准对我进行考核，我的教练也会采用"混合交火"的方式，让别的随队教练"一起来找茬"，终于在"5进1"第一轮考核中，我克服了弱项，毫无悬念地拿到了第1名。

要有遇到挫折不气馁的韧劲

"10进5"集训中,学校领导到湖北看望贺江涛及其主教练陈征

有很多小伙伴惧怕挫折,而我在集训中一直害怕没挫折。记得在"10进5"第二轮考核前,我们校长到湖北看望我,他问我有什么问题需要他帮忙吗,我回答说我目前最大的问题是没发现问题,因为在集训中我的一切都还没达到完美,用我们敬爱的专家组组长闫老师的话来说就是"优化无止境",既然不完美,我为什么会找不到问题、遇不到挫折呢?我认为征战赛场,对于挫折一定要有正确的认识,要有胜不骄败不馁的韧劲。

贺江涛在第45届世赛赛场

时间很快来到了2019年8月23日,第45届世界技能大赛在俄罗斯喀山拉开了帷幕。大家知道的是我获得了铜牌,但大家不知道的是,在前三天的比赛中,我一直都是第1名,大约领先了第2名5分左右,而第四天的编程模块还是我的强项。但恰恰是第四个模块,我出现了失误,将一个参数设置错了。正是因为这一点,我被扣掉9分。一时间,我仿佛从天上摔到了地下,别说金牌了,感觉连拿到奖牌的机会都没有了。

那一刻的我思绪万千,感觉对不起专家团队这 353 天无周末假日、无白昼区别、呕心沥血的付出,也对不起国家财力、物力、人力的付出,还对不起家乡领导、亲人的殷切希望。我没有眼泪,因为眼泪不足以表达我的懊恼;我也没有失落,因为失落只会表露软弱;我想说的只有感谢。教练告诉我,当得知我可能连铜牌都拿不到时,我们校长贴心地对他说:"江涛回国到北京后,一个人回学校太孤单,你陪着他一起回开封吧。"面对失利,没有人责怪我,还在一直顾及我的感受,这一点,我将受用终生。

2019 年 8 月 27 日,第 45 届世界技能大赛闭幕式在喀山体育馆举办,俄罗斯总统普京亲临现场以示祝贺。但"热闹是他们的,我什么也没有",面对领奖台上的一面面飘扬的五星红旗,我默默地鼓掌祝贺。主持人很快地念到了我参加的工业控制项目,热闹的万人会场刹那间安静了下来,静得我都能听

贺江涛登上第 45 届世界技能大赛领奖台

到自己心跳的声音。随后的一句"China"瞬间把我拉回现场，刹那间，我泪流满面。我连国旗都没准备，是旁边的小伙伴递给了我一面国旗。我不知自己是如何走上领奖台的，更不知是如何走下去的，只知道合影时，我和闫老师还有校长紧紧拥抱在一起，眼泪怎么也擦不干。

一直以来，大家都说我是"黑马"，一路狂飙，逆风翻盘，但只有我和我的团队知道，一次次逆袭背后，是无数次的坚持。在闭幕式前，虽然我以为自己已经拿不到奖牌，但我依旧相信，一切都是最好的安排，也许世赛的失利是为了让我更加深刻地思考人生的得失，帮助我在走上工作岗位后能够更加审慎地对待工作。但没想到，我仍然拿到了一块铜牌。

回国后，校长对我说："你这小伙儿'命'真硬啊，国赛丢了19分，你能进国家集训队；世赛丢了9分，你还能拿铜牌。除了说你一句'爱笑的人运气都不会太差'，我也不知道该如何解释了。"

贺江涛和主教练陈征从俄罗斯返回开封

回国后，我思考了许多。在这里分享一句话与大家共勉：青春的道路上哪能没有泥泞，但走过的路，每一步都算数。纵然没拿到金牌，但在世赛赛场上，我已经证明了自己的能力，验证了"幸福是奋斗出来的"这个真谛。接下来，面对留校教书育人的新使命，一切才刚刚开始。感谢所有为世赛工作提供支持的领导、教练、翻译，感谢曾给予我真诚帮助的各位老师和伙伴！没有你们，我不会在世赛的征途上走得这么远！

贺江涛载誉回国后留影

人生有梦不觉远，既然选择了远方，便只顾风雨兼程。我们有幸生于伟大的中国、伟大的时代，纵然追梦路上山高路险，但我们有技能和关爱作为双翼，那就坚定信心，振翅远翔，将自己的人生梦与辉煌壮丽的中国梦交织成最美的青春诗篇！

骄傲少年　向阳奔跑

——第 45 届世界技能大赛工业控制项目铜牌获得者贺江涛获奖记

于　海

第 45 届世界技能大赛闭幕式颁奖典礼进行时，台下的贺江涛在害怕和期待交织的复杂情绪中，等待着工业控制项目的结果揭晓。当屏幕上显示中国国旗的那一刻，贺江涛迈步走向领奖台，用招牌的微笑迎接属于他的荣耀时刻。

第 45 届世界技能大赛闭幕式（来源：技能中国）

"江涛，衣服穿整齐了，精神抖擞地去场馆，"2019 年 8 月 27 日，在俄罗斯喀山举办的第 45 届世界技能大赛闭幕式开始前一小时，工业控制项目的专家组组长闫虎民逗贺江涛说，

"要酷帅酷帅的那种。"

根据对比赛分数的计算,比赛成绩应该还可以,但大家情绪都很沉重,特别是作为选手的贺江涛。面对即将到来的颁奖仪式,贺江涛忧心忡忡,感觉自己对不起专家团队353天"5+2""白+黑"的辅导,也对不起国家财力、物力、人力的付出,还对不起家乡领导、亲人的殷切希望。

然而比赛刚开始那几天,贺江涛并没有机会想这么多。

高歌猛进　驰骋赛场

第45届世赛前一天,刚好是贺江涛的生日,保障团队默默地为贺江涛精心准备了生日宴。不亲身经历世赛,谁能体会到选手所承担的压力?他背负着学校、所在省份以及国家的重重期待。保障团队只想借这个机会营造欢聚一堂的热闹氛围,帮助贺江涛减轻一点压力。

贺江涛在第45届世赛比赛中

贺江涛在日常训练中

赛前,专家告诉贺江涛:"世界技能大赛,承办方的筹备并不一定尽善尽美,试题出错了,卷子少发了,临时修改东西的情况都很有可能出现。"

这样的情形，贺江涛在第一天（C1，世赛中日期用C表示）比赛时就见识了。

B模块电路设计，给选手们的授权里有三个出了问题，这三个软件只能使用部分功能。试题已发，又收了回去，解释说需要接着做A模块，B模块等第二天问题解决了再考。有了赛前的心理准备，贺江涛完全没有受影响，C1评分，贺江涛拿了满分。

第二天（C2）的比赛，贺江涛依然稳定发挥。

B模块题发下来时，贺江涛直呼"长见识了"。技术文件上原先规定的软件使用电气版本，但这天发下来的试题上却显示是气动版本的，将技术文件直接修改了。东南亚某个国家的选手考完就哭了，因为他不会使用这个版本的软件，但这样的变动对贺江涛来说没有问题，正所谓"艺多不压身"，他会用这个版本的软件，因此他拿了全场最高分。

C2还考核了C模块，这一部分只给了一个小时考核时间，贺江涛速度最快，只用了25分钟就完成了考核。选手做得慢，场外的教练团队着急；选手做得快，场外的教练团队也着急，因为怕出错。这时候，贺江涛所在学校的教练团队镇静地安慰大家说："放心，贺江涛肯定是满分。"根据他们对贺江涛的了解，贺江涛20分钟左右就能完成，并且肯定是核对过好几遍。不出所料，这个模块的考核，贺江涛是全场两个满分中的一个。

前两天，贺江涛要么是满分，要么是最高分，还是速度最快的，取得的满分还是全场少有的满分。

第三天（C3）评判A模块，该模块分值最大，需要做三天。其中最揪心的要数A模块完成后的安全上电评分，倘若这个模块出现问题，最后的D模块都不允许选手

贺江涛在喀山赛场

再继续做，这个模块如果顺利通过了，迎来的D模块编程是贺江涛的强项，贺江涛在国内选拔赛时一路以"黑马"姿态胜出，也是得益于这个模块的优势。

安全上电部分需要选手在裁判的监督下于30分钟内完成，但裁判一直对贺江涛的上电过程有打断，这让场外的教练团队揪心不已。最后贺江涛用了32分钟才完成，此时大家有点失落，安全上电，我们也是立志要拿满分的。回去后才知道，之所以会用这么长时间，是因为其中一个裁判对安全上电的细节不是十分清楚，趁贺江涛上电的机会，他在向同组的裁判请教。安全上电部分，贺江涛拿了全场三个满分中的一个，裁判耽误的时间在后面用补时补了回来。

共四天的比赛，贺江涛前三天的比赛可以用完美来形容：做得最快，提前两个小时完成前三个模块；做得最好，比赛的模块要么是少有的满分之一，要么取得最高分。前三天，贺江涛一共领先了第2名4分左右，在这个高手环伺的比赛里，比

赛分数可以精确到小数点后第三位，4 分早已可以决出高下。

金牌之路　一步之遥

第四天（C4）的 D 模块，是贺江涛的强项。

D 模块的比赛，一共 4 个小时，贺江涛用了 2 个多小时就完成了。剩下的时间，贺江涛反复验证程序，在场外的教练团队终于松了一口气。比赛虽然在下午 1 点左右就结束，但评分可能得评到晚上 12 点左右，教练团队留下了三个人等评分结束帮着贺江涛打包工具，其他人就先回宾馆去了。

评分开始时还很顺利，但是到了评分结束前半小时，也就是晚上 11 点左右时，从里面传出来了一个消息。出题人设置了 1 个在实际应用中不存在的参数让大家设置，只有 3 个选手没想那么多直接设置了，这 3 个选手里，没有贺江涛，因为贺江涛想多了，不存在的东西，为什么要设置？但评分标准里有，你没有，就是错。刚开始大家也没在意：错了就错了，一步程序，最多也就 0.6 分，贺江涛程序做那么完美，少了这 0.6 分，依然遥遥领先。但紧接着，又传出来了一个爆炸性消息，这个问题出在自动模块评分里，且位置非常靠前，按照世赛评分规则，自动程序从哪一步出错，后面的部分将不再评分，直接以 0 分计，这个问题，直接扣掉贺江涛 9 分。

大家不敢相信，却又无可奈何。打包完工具回去，已是凌晨 3 点多，但是回到宾馆后，无人入睡。

贺江涛所在的河南化工技师学院校长说："选手努力了、尽力了，什么结果我们都能接受。"但是，从毫无争议的金牌，到始料未及的铜牌，从巅峰坠落，心理落差可想而知。四天的比赛，前三天都高歌猛进、所向披靡，要么是满分要么是第一，因为这一点问题而功败垂成，实在是难以甘心。

再难的路，也要坚持走下去……

慢慢地，贺江涛释然了。都说参加像世界技能大赛这种高规格的竞技比赛，选手难免紧张，能发挥出80%的日常水平都难能可贵了，但贺江涛已经发挥出自己水平的100%。最后一场比赛中的失误，严格来说并不算失误，因为这是从未出现过的情况，80%多的选手也都没反应过来。比赛中出现这样的转折，就好比是贺江涛在距离最高荣耀仅差一步的时候遇到了分岔口，而他迈出的这一步，没有走向金牌……

一路狂飙而来，或许命运之神只是想让贺江涛暂时歇一歇脚。

微笑面对　未来已来

8月27日，第45届世界技能大赛闭幕式结束后，贺江涛带着铜牌回到亲友团，和工业控制项目专家组组长闫虎民紧紧相拥在一起，泪水泛滥，怎么擦也擦不干……贺江涛回忆时说这一刻觉得自己放松了很多。长时间的备赛压力，赛程中遇到的巨大转折，面对这些这个乐观的青年永远镇静自若，然而在亲近的人面前，贺江涛终于找到了宣泄情绪的出口。

一直以来，大家都说贺江涛是"黑马"，一路狂飙，成色十足。从全国选拔赛里的第10名，到国家队"10进5"三轮考核赛后的第2名，再到国家队"5进1"两轮考核赛后的第1名，继而获得代表国家征战喀山世赛的资格，贺江涛一路逆

河南省人社厅副厅长李甄、工业控制项目专家组组长闫虎民、河南化院校长杨箴立与贺江涛及其专家教练团队在第45届世界技能大赛闭幕式上

袭,一路晋级,终成"黑马"。"黑马"之所以成为"黑马",是凭借着执着入骨的信念、始终如一的坚持和积极阳光的心态。

贺江涛的校长对他说:"你这小伙儿'命'真硬啊,国赛丢了19分,你能进国家集训队;世赛丢了9分,你还能拿铜牌。除了说你一句'爱笑的人运气都不会太差',我也不知道该如何解释了。"专家组成员袁海嵘也感慨地安慰贺江涛:"这样都能拿奖牌,好开心。"

贺江涛这位爱笑的小伙儿,面对这样的结果,更愿意相信一切都是最好的安排,也许世赛拿到一块铜牌是为了让自己更加深刻地思考人生的得与失。在比赛回国后,贺江涛将实现人生角色的转变,在母校河南化工技师学院担任教学工作。他认为,这样的经历会让他今后在人民教师的岗位上更加审慎地对待工作,毕竟对于这位21岁的小伙儿而言,人生路远,成长中的各种滋味都需要逐渐经历、慢慢体会。

回国后,贺江涛也想了很多,用一句话概括就是:青春的道路上哪能没有泥泞,但走过的路,每一步都算数。纵然没拿金牌,但在世赛赛场上,贺江涛已经证明了自己。接下来,面对教书育人的新使命,贺江涛人生征途中的崭新阶段才刚刚开始。

贺江涛回国后在校园留影

回顾世赛之旅,正如贺江涛喜欢的那首《骄傲的少年》歌中所唱:

只要全力以赴就无所谓失败
转眼间 一切都已改变
新的起点新的世界就在眼前
受过伤 也流过了眼泪

为了梦想疯狂这一次又怎样

奔跑吧　骄傲的少年

年轻的心里面是坚定的信念

青山不倒，绿水长流，热爱不灭，向阳奔跑……

梦想还是要有的

陈 征

世赛概览

第 45 届世界技能大赛中国代表团共派出了 63 名选手,参加了全部 56 个项目的比赛。这是我国第 5 次组团出征,也是我国参加世界技能大赛以来参赛人员规模最大、参赛项目最全的一次。

贺江涛在第 45 届世赛开幕式中(来源:技能中国)

俄罗斯当地时间 8 月 27 日晚,第 45 届世界技能大赛在俄罗斯喀山闭幕,俄罗斯总统普京出席闭幕式并宣布第 45 届世界技能大赛闭幕。中国代表团在本次大赛中表现十分出色，共获得了16枚金牌、14枚银牌、5枚铜牌和17个优胜奖，再次荣登金牌榜、奖牌榜、团体总分第一。这也是我国参加世界技能大赛以来，参赛成绩最好的一次。

对我国选手的几个数据进行分析，从年龄来看，参赛选手几乎全部是"95"后，平均年龄21岁；从性别看，女性选手9名，占比14%，男性选手54名，占比86%；从户籍看，15名选手来自城市，48名选手来自农村，且有4名选手来自建档立卡贫困家庭；从身份看，7名为企业职工，14名为教师，42名为学生，其中42名学生选手中，有24名来自技工院校，技工院校学生占比57%。

贺江涛所参加的工业控制项目是指选手在安全操作的前提下，合理选择并使用工具，对现场提供的工业自动化元器件和材料进行加工、组装，完成电气设备和工业设备的安装以及程序设计与调试的竞赛项目。

世界技能大赛工业控制项目比赛，选手需要完成电路设计改进、材料制备、电气配线、安全测试、故障诊断、编程调试等比赛内容。

这项比赛中共设置主项目操作（安装）、控制与调试（编程）、电气控制电路原理图设计或功能改进（电路设计）、电气装置故障检测与定位（故障检测）四个模块，赛程为4天，累计比赛时间为20小时。

在这里我想穿插进来一个"世赛圈"里有名的"世赛之问"，它发生在2011年10月的英国伦敦第41届世界技能大赛上,这是数控车项目选手盛国栋的疑问:"我比他们都提前做完了,可为什么那个没有做完的选手竟然获得了金牌?"

正是在伦敦举办的第 41 届世赛让盛国栋明白,也让数控车项目专家、北京航空航天大学教授宋放之难忘,更让所有刚接触世赛的我们中国世赛人明白,在世界技能大赛里,质量远比速度更重要。对于包括工业控制项目在内的很多项目来说,要求更进一步,是又好又快。

拿工业控制的安装模块举例说明。安装模块有 100 多个评分项,大部分评分项都会有几十个评分点,安装模块共 50 分,给的比赛时间是 14 个小时。如果从表面效果来看,14 个小时大家按图施工,做的都差不多。但是,就说"测量"子模块吧,500mm 以下的安装尺寸,误差不能超过 1mm;500mm 以上的安装尺寸,误差不能超过 2mm。这是什么概念?就是我们在安装定位的时候,要把卷尺最前端的 L 型尺爪厚度考虑在内;我们画线的时候,要把画的那条直线的宽度考虑在内,因为卷尺的尺爪厚度和直线宽度大约就是 1mm。工业控制模块的评分,97% 都是客观分,也就是说,只有得分和不得分两种情况:要么得分,要么 0 分。

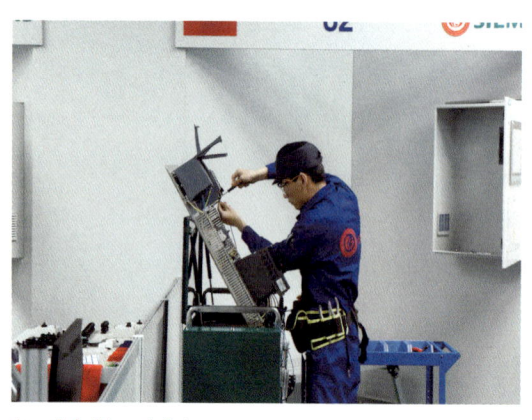
贺江涛在进行配盘接线

再比如说，切割的金属或者塑料材料，要去掉边角的毛刺，选手大概会用半小时的时间把几十个地方的毛刺都去掉，但是如果有一两个地方你忘了，或者处理得不合格，裁判刚好还检查到了这个地方，那么对不起，你这半小时的工作白干了，0分。

再举一个模块编程来说，要求选手完成前面安装模块所搭建的工业模拟对象的编程任务。这个编程任务放到工厂里可能就是一条自动化生产线的整个程序，企业可能会给设备调试人员一周左右的时间来完成编程并反复调试，但在世赛赛场上，只给4个小时，并且一点也不能有误差。举个例子，自动化生产线的程序编好之后，1分钟转1500圈的电机少转了1圈，

上　贺江涛在国际邀请赛比赛中

下　贺江涛在第45届世赛山东国际邀请赛中

有个指示灯闪烁的速度快了或者慢了 0.1 秒，等等，对不起，裁判对于后面的程序不评了，视为 0 分。总而言之，就是这几十步程序，上百个评测点，一点都不能错。

从 2018 年 9 月 7 日到 2019 年 3 月 23 日，我作为随队教练全程参与了贺江涛前后在山东、湖北、陕西、辽宁、海南、广州等 4 个国家集训基地和 2 个省份的走训集训及考核工作。这 197 天时间里，其中 179 天都是在外集训，只有春节期间休息了除夕、初一和初二三天，初三我和贺江涛便来到学校进行训练。

我曾把两张照片放在一起做过对比，一张是贺江涛 2018 年 4 月份参加河南省选拔赛时的照片，那是他第一次参加的较大规模的比赛，也是在那一次比赛中他第一次拿到了第 1 名，开始了后面的"黑马"狂飙生涯；另一张是贺江涛参加世赛后，也就是现在的照片。短短的一年多时间，他脸上的稚气不

贺江涛的两张对比照

见了，取而代之的是坚毅和沉稳。发生这种变化，其实原因很

简单，那就是"百炼成钢"和阅历。

贺江涛在国赛中有过挫折，在世赛中有过眼泪。从一开始参加比赛时的慌张，比赛最后一天因过度紧张而体力透支，到后面比赛的越战越勇，面对问题能坦然处之，遇到挫折能淡然面对，这些变化见证了贺江涛的成长。

习总书记对参加世赛选手的比赛成绩作出重要指示，李克强总理作出批示。这些选手受到过副国级领导接见，得到了副部级领导在比赛中专程到赛场休息区对他们的慰问，多次受到正厅、副厅级领导会见。截至目前，中央、省、市级媒体均对贺江涛进行了采访报道，报道次数达 12 次。这一切的一切，都是促进贺江涛成长成熟的催化剂。

一篇央媒的报道里有这样一段话：有人说，贺江涛是世赛工业控制项目里的一匹"黑马"，从全国选拔赛里的第 10 名，到国家队"10 进 5"三轮考核赛后的第 2 名，再到国家队"5 进 1"两轮考核赛后的第 1 名，继而获得代表国家征战喀山世赛的资格，一路逆袭，一路狂飙，终成"黑马"。

我想说的是，这不意外，成绩背后是"白加黑""5+2"的刻苦训练。

世赛收获

增长阅历见识，结识了许多有思想有本事的专家

和清华大学葛正宇博士交流学习世赛规则，构建世赛竞赛训练思维；

和世赛研究中心徐大真教授、闫虎民教授、翻译马艳教授交流学习选手培养，构建多维度训练方法；

杨校长等领导与贺江涛及闫虎民教授等专家在第45届世赛闭幕式中

和中国空空导弹研究院鲁宏勋大师、周春雷高级工程师学习交流，从不同视角切入理解世界技能大赛规则、训练方法等。

这些大师、大家单请出来任何一位在业内都是如雷贯耳、难得一见，如果不是因为世赛，我怎么会有这样的机会面对面和他们交流学习，甚至是拉家常。

加深了对技能竞赛规则的认识

这整个过程使我加深了对技能竞赛规则的认识，我自身的能力也有了显著提高：从世赛国赛规则的无条件服从者到可以提出合理化建设性意见，甚至反对性合理化意见；从刚开始面对竞赛时的不分主次全线压上，到带比赛如"烹小鲜"。

有机会和领导进行较多的交流，学会从不同的视角分析问题

河南省人社厅领导在广州集训考核前，对于河南工业控制项目竞赛突围后的意义分析，我们学校校长、院长在集训比赛过程中，对于比赛方向的把控和对细节观察入微等的能力，都让我仰之弥高、钻之弥坚、收获良多。

河南省人社厅副厅长李甄、职建处处长张荣瑞、河南化院校长杨箴立在第 45 届世赛全国选拔赛上

对教学工作大有帮助

世赛的标准——精益求精；

世赛的理念——优化无止境；

世赛的方法——落实、落细、落小。

世赛的最终目标是教学成果转化：以世界技能标准规范为依据，优化专业教学标准；以世赛竞赛项目为载体，改革专业教学项目内容；以世赛评分方式为借鉴，精细化专业教学考核标准；以世赛基础设施列表为参考，提升实训基地建设（或实训室管理）水平。

感谢伟大的时代，天高任鸟飞，给予每一个有梦想的人以奋斗的舞台；

感谢我们学校，用人不疑，充分放权，信任我们青年教师，提供给我们一个发挥自己光和热的平台；

感谢同事及伙伴，一片冰心在玉壶，没有你们的支持，我们的前路步履维艰；

贺江涛与主教练陈征合影

感谢选手，我们互相信任，彼此成就，始于梦想，经历努力，终不负韶华及所托；

感谢家人，你的眼中曾有动人的忧伤，在一切没有结果的时候，依然执着地相信未来，无怨无悔担负起我撂下的家庭担子。

润心强体 化茧成蝶

——第 45 届世界技能大赛工业控制项目铜牌选手贺江涛心理体能训练记

曹丽屏

2019 年 9 月 10 日,我校举行第三十五个教师节表彰大会,台上贺江涛分享着参加第 45 届世界技能大赛并获取奖牌的成功经历,台下一同备战世赛感同身受的我历历往事涌上心头,激动的泪水止不住流了下来……

2017 年 11 月学校正式成立世赛集训队,将心理和体能训练纳入整个集训体系中,学校安排我负责学生心理和体能的训

学校心理体能团队教练一起制订训练计划

练工作。通过深入学习世界技能大赛组织及参赛选手训练和参赛情况,我深切地体悟到学校领导的高瞻远瞩和运筹帷幄,更

感受到自己肩负着重担。作为学生处长、国家二级心理咨询师，虽然我有多年的学生心理辅导经验，但是承担冲击世赛学生的心理和体能训练任务还是第一次。记得2017年12月18日，贺江涛第一次体能测试的分数仅有71分，只是及格水平，心理测试中学习焦虑的数值超过了临界值，并表现出一些身心反应。这些现象更让我深刻地认识到体能与心理训练的必要性和紧迫性。于是，我们开始了定期心理训练（一对一咨询或团体心理辅导）及每天1小时的体能训练。工业控制项目需进行4天累计时间为20小时的高强度比赛，选手要想将自身的技能水平最大化地发挥出来，除了高超的专业技能和优良的心理状态之外，还要拥有强大的体能作为支撑，因此要设计和进行科学合理的体能训练，为整个比赛保驾护航。2018年7月我们又邀请体育专业硕士研究生毕业的刘俊老师加入团队，贺江涛的体能训练每周由教练指导一次，其余的时间按教练的训练计划自行进行。针对贺江涛的体质状况，我们在提升心肺训练水平基础上强化他核心力量的训练，因为核心力量是稳定整个身体的关键，核心力量提升了，做相应技能动作时的稳定性和操控性会更高、更准确。通过针对性的器械训练、组合动作训练，贺江涛的整体体能水平得到明显提升。由于贺江涛长时间超负荷的技能训练，双手的活动量比较大，疲劳过度，出现了手腕酸痛，我们又及时调整上臂力量训练辅助手腕力量，聘请按摩专业主任医师为他做辅助康复，直至世赛前贺江涛的体能水平一直保持良好状态。

  2018年4月，在河南省工业控制项目选拔赛中贺江涛顺利取得第 1 名。2018 年 6 月在全国工业控制项目选拔赛中贺江涛以第 10 名的成绩进入了国家集训队。虽然进了国家集训队，但是要成为正选选手，路还很长，此时的贺江涛自信心不足、自我调控能力不强，他的心理素质亟待提高。

在管理学中有经典的"514 法则"，说的是假如做一件事情需花 10 分力气的话，那么行动前需花 5 分的力气去调研、思考、评估，行动只需花 1 分的力气，行动后花 4 分的力气去总结、检讨、完善和提升。于是，我和心理老师张超认真研讨复盘，认识到由于全国选拔比赛非常重要，贺江涛压力很大，赛前出现焦虑，因经验不足、干预不到位，持续出现了轻微腹泻、饮食下降、睡眠不良的现象，从而影响到了体能和技能水平的发挥。为了冲击国家正选选手资格比赛，我们向学校提出建议，以后贺江涛每次晋级考核，需要心理专业人员全程陪伴，以便对他出现的情绪困扰等突发状况进行及时疏导和援助。从 2018 年 11 月开始，每次的选拔考核赛我都会提前到赛场，关注和调整贺江涛的身心状态，保障其比赛顺利进行。

通过深入的研究，我们分析出世界技能大赛备赛选手在国家集训阶段的心理困扰主要包括动机水平、心理准备、自信心、焦虑控制、集中注意和团队意识，以及因长期单调训练导致的赛前倦怠，这些都有可能给比赛带来负面影响。于是，我们在贺江涛冲刺"10 进 5""5 进 1"阶段的心理和体能训练中及时做了优化，与专业技术训练、战术训练形成一个完整的训练体系，形成了集常规训练阶段、冲刺训练阶段、赛中心理保障及赛后心理调适于一体的系统心理训练模式。2018年7月29日在开封做心理OH牌活动时,贺江涛抽到一张有鹿头的照片,他解读这张照片是"一头哭泣的鹿",而11月17日我在宜昌拿出同样的照片,他的解读是"抬头向前看的鹿"。对于这三个多月的心理变化,他说:"小鸟站在树枝上,它从不担心自己会掉下来,因为它依靠的从来不是树枝,而是自己的翅膀。"此时贺江涛在国家集训队阶段成绩位列第3名,心智的逐渐成长让他更有信心和能力坚持冲下去。

国家集训队冲刺选拔阶段的各位选手实力水平旗鼓相当,竞争是激烈的、残酷的。参加大赛的最佳心理状态应该是镇静的、自信的、有战斗力的,情绪兴奋性水平适中,有顽强的意志和坚定的取胜信心、良好的抗干扰能力与自我控制力以及高度集中的注意力等。为此,我们制定方案重点训练以上项目,提升贺江涛的综合心理素质。有一次做团体心理辅导"密室逃脱",游戏中每关都有一个难题,如果你能解决,那么下一个房间的门会自动打开,贺江涛直接选择了一个最难的题目进行挑战,可谓是勇气可嘉!进入第一关时,由于对题目规则和解题程序不是很熟悉,贺江涛耗费的时间很长,但是他并没有放弃这个任务,在经历了一个多小时的摸索研究之后进入第二关,随后他及时总结,接下来的三关就非常顺畅,迅速通关。游戏过程中,我们发现贺江涛勇于挑战刺激,越是困难的越想尝试,能不断地突破自己,并且善于思考,做事有恒心和责任感;亲和力很好,善于与小伙伴合作。我们后续及时进行了强化训练,以提升、迁移和固化其优良的心理品质。在国家集训队期间，良好的人际关系使贺江涛和其他选手有了更多的交流，也助力了他专业技能的快速提升。

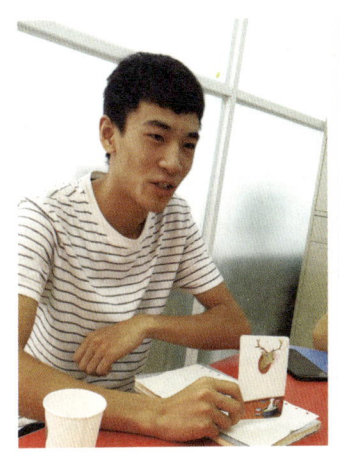
贺江涛进行心理训练抽取OH牌

学校世赛选手参与密室逃脱团体心理辅导

2019年3月19至22日在广州举行的"5进1"选拔比赛更是检验贺江涛心理素质、体能状况、技能水平的时刻。四天的比赛他每天早上8点前到赛场，9点开始比赛，中午休息一小时，接着进行下午三个小时的比赛，短暂的晚餐后又要马上进行裁判集体评分。所有参赛选手都要参与到集体评分环节中，最晚的一次是在晚上11点钟才从赛场回到住处，接着还要与教练商议第二天比赛的策略，每天睡眠时间不到六小时。这四天内贺江涛不仅要完成高强度的比赛，还要面对巨大的竞争压力、面对苛刻的裁判评判、面对无效的据理力争的结局、面对不对胃口的饭菜、面对严重的睡眠不足、面对突变的气候、面对因种种因素导致的暂时落后、面对赛场不可预知的

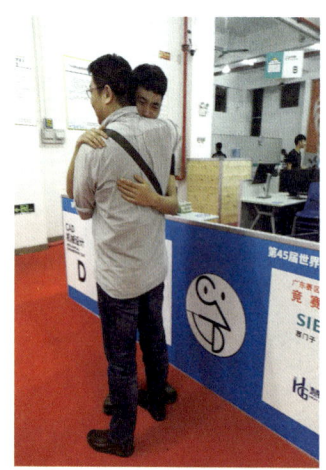

广州"5进1"选拔赛后,贺江涛与学校领导紧紧相拥

干扰、面对严重的体力透支……可想而知,贺江涛要承受多么大的压力。我们心理和专业技术团队始终紧密陪伴,密切沟通,及时跟进,一切风风雨雨都挺过来了,最终他以0.1125分的微弱优势成为工业控制项目的国家正选选手。在场的河南省代表团的每个人都喜极而泣,师生紧紧拥抱在一起庆贺这历尽艰险取得的胜利。

俗话说"有道无术术可求,有术无道止于术"。我们通过大量地阅读资料,制定出个性化的心理训练方案,逐渐解决了贺江涛赛前、赛中、赛后可能出现的"瓦伦达效应""高原现象""克拉克现象""心理饱和"等影响正常水平发挥的身心问题。科学的心理和体能训练能让选手做最好的自己,能助力选手大赛成功!贺江涛心理测试所得的图形数据五边形几乎接近完美,表明了贺江涛已达到最佳的竞技状态,完全可以胜任激烈、残酷、高强度的世界技能巅峰之赛。

工业控制项目国家集训队先后辗转山东、湖北、辽宁、西安、海南、广州六省市,期间的训练是艰苦和寂寞的,而埋在贺江涛内心代表国家参加比赛的梦想和使命的种子也在慢慢长大。我们心理体能团队在此阶段和贺江涛成了亦师亦友的伙伴关系,他在外地集训期间我们一直保持各种渠道的沟通。记得在临近"10 进 5"选拔赛前的某一天我发现他的微信头像更换为一个不开心的卡通动物,我敏锐地感觉到了他情绪的变化,立刻意识到一定发生了什么事。任何一个微小的事件对选手情绪的影响都可能让他止步不前,于是我马上联系前方陪同他一起训练的陈征教练了解情况,贺江涛也敞开心扉,诉说了发生的事情。我们及时做了妥善安排,顺利地渡过了这个坎,确保他全身心地投入训练和比赛。每次他从集训地返回学校或从学校出发前,我们都会与他聚餐,共同释放一下心理压力,在一起分享训练、比赛的感悟和成果。我们曾经聊过训练艰辛的话

贺江涛与心理体能团队教练合影

题,他坦然地说道:"成长路上需要忍受孤独,在自我放弃与自我牺牲中会面对伤痛,而这些都是一个人成长的必经历程。"有些事情需要自己去承担,有些也需要团队的帮助。他说有时候会痛,会不自信,但正是因为有目标,才坚持继续向前,这

个过程痛并快乐着。是的，蝴蝶要破茧而出就必须靠自己拼搏奋斗，只有经过破茧的痛苦，才能化成翩翩飞舞的蝴蝶。贺江涛在世赛成长的过程中，经历过迷茫、彷徨、困惑和孤独，也体验到了激情、信心、勇气、力量、憧憬和欢笑。就这样，蝶变让他沿着岁月的轨迹一路走来，一路收获着、品味着成长的丰硕果实！

乘风破浪会有时

——记第45届世界技能大赛工业控制项目铜牌获得者教练团队

徐琳怡

古人说"一入侯门深似海",但在世界技能大赛工业控制项目圈子里却流行这样一句话:"一入世赛深似海。"

国家集训队之前阶段

2017年11月河南化工技师学院世赛工业控制项目,在自动化学院院长于海的直接领导下,组成了以曹丽屏老师为核心的心理体能团队和以陈征为教练组长,以徐国传、介斐为成员的核心教练团队。

贺江涛及其教练团队

大海航行靠舵手

于海老师作为世赛工业控制项目的团队负责人,既有领导的决策力,又有功底深厚的专业技术能力。

作为国务院特殊津贴获得者、河南省技术能手、高级讲师、高级技师,在世赛团队的多次复盘会议

河南化院校长杨箴立、自动化学院院长于海在"10进5"第三轮集训中指导训练

中,于老师都提出了很多建设性的意见。比如由于我省是第一次进入国家集训队,缺乏相应的试题资源积累,于老师得知情况后,领导世赛团队研究从工业生产中提取出来的典型案例,做出试题框架,为选手解决了大问题。更为难得的是,于老师在很多方向性决策中都提出了在后来被证明是正确的指导性意见,比如选手在集训过程中,专家组组长看到进入第二阶段考核的选手训练有些疲惫,给选手们准备了一次走训活动,走训地点选在气候适宜的南方某省,集训队的 5 名选手都在铆着一股劲,谁都不愿意休息。于老师得知情况后,召集世赛团队开会,在充分听取了大家的意见后,提出了两点看法:一是训练如带兵,兵势如水势,水因势而流,千里奔袭而下,势大力沉,故所向无敌,现在我们的选手气势如虹,正应顺势而为,不要轻易改弦易辙,改变既定路线;二是文武之道一张一弛,连最严厉的专家组组长都觉得选手训练太过疲惫,想给选手一个放松心情全力备战的机会,我们作为他的"家人",更应该

科学训练、劳逸结合。

于老师作为世赛工业控制项目教练员所在的自动化学院的院长,在历次世赛团队决策中都能充分发扬民主精神,充分听取各位专家、教练甚至选手的意见。"独行快,众行远",河南化工技师学院工业控制项目最终能从国家选拔赛第10名,以跬步而致千里,一步一个脚印,到最后在国家集训队考核中获得国内第1名及获取代表国家参赛资格并摘得世赛铜牌,与于院长的工作方法密不可分。

杨校长、于院长、学校保障团队等在喀山世赛现场

轻风细雨润物无声

曹丽屏老师是河南省职教专家、国家二级心理咨询师、教授级高级讲师、学生处处长。她长期与学生接触,深谙学生的身心发展规律。贺江涛作为河南化工技师学院的一名在校生,可以说是曹老师看着成长起来的。

在校内集训阶段，曹老师的心理体能团队每天坚持给选手做体能训练指导，每周做心理训练和心理评估。曹老师以科学训练方法下的翔实测评数据给教练团队以参考，对教练团队做出科学决策、有的放矢地做出针对性训练提供了卓越的智力支持。

心理团队教练曹丽屏、张超两位老师为贺江涛进行心理测评和辅导　　体能教练刘俊老师指导贺江涛日常锻炼

还记得在某一次集训队考核中，因此次考核太过重要，曹老师每天无论选手比赛回来多晚，都会给选手做心理评估和疏导，并将其最新的研究成果应用进来，整理绘制出直观的数据曲线供学校领导和教练团队参考。曹老师的数据曲线敏锐地反映出了选手的微弱心理变化，这种变化在第二天的比赛中以更加直观的行为体现出来了。选手稳定的赛前、赛中的心理素质和技能水平发挥，让在场的"亲友团"惊奇不已，后面一些兄弟院校的老师表示："难怪你们学校能胜出，你们把每一个方面都做到了极致，你们看似是'黑马'、是'奇迹'，但偶然和运气的背后有其必然性。"

勇立潮头方显担当

"凡战者，以正合，以奇胜"。陈征作为主教练所负责的安装模块，分值占 50%。工业控制项目圈子里有这样一个共识：想在国家选拔赛中出线，安装模块的成绩必须好。身负这样的舆论压力，陈老师却举重若轻，在他看来，主教练的状态会直接影响选手的心情。工业控制项目，河南以前从来没有闯进过国家集训队，但陈老师在给选手开会时却不止一遍地告诉自己的弟子："我不知道我们怎样能进国家集训队，但我知道我们一定能挺进国家集训队。"

但进入国家集训队的道路并不是一帆风顺的。2018 年 6 月，在全国选拔赛的赛场上，我省工业控制项目选手贺江涛前三天一路高歌猛进，差不多每天考核的成绩都是前三名，但在

贺江涛及其教练团队在第 45 届世赛全国选拔赛后合影

第四天，也就是最后一天，由于接错了一根线，编好的程序迟迟不能出来，最后被扣了 19 分，成绩处在国家队入门门槛位置。虽然最后有惊无险地进入国家集训队，但在回校复盘时，三位教练老师都是勇敢担当。徐国传老师说："是我负责的编

程模块出问题了,我要承担主要责任。"陈征老师说:"虽然事情发生在编程模块,但却是我负责的安装模块接线造成的问题,我要负主要责任。"介斐老师说:"事情虽然发生在编程和安装模块,但我负责故障排查模块,选手没能排查出问题,我要负主要责任……"

正是因为三位教练勇于担当,遇到问题都"内归因",才有了这一支勇立潮头、无往不利的教练团队。

干在实处永无止境

在河南化工技师学院,有这样一个"奇人",别人为了评职称都是挤破了脑袋,但这位老师,踏实肯干、兢兢业业,所有该有的条件都具备,却迟迟不愿把评职称材料递上去,没办法,这件事只能让领导代劳了。这个"奇人",就是徐国传老师。徐老师作为教练组成员,身为河南化工技师学院的"技术大拿",负责了项目中最有技术含量的部分——编程模块,分值占30%。

贺江涛与徐国传老师

编程模块为封闭盲题,提前不公开,需要选手掌握大量的综合知识才能应付自如,对选手的思维能力提出了较高要求。徐老师在训练中扎实细致,将知识点分类细化,逐一训练,各个击破,强化练习。他认真分析选手的优劣势,有针对性地进行训练，注重培养选手的编程方法，注重素质培养，把一个以前从未接触过 PLC（可编程逻辑控制器）的学生训练成了业内翘楚。编程有很大的风险，在比赛这四个小时里，如果有一个地方敲错一个数字或者有其他疏漏，有时就是失之毫厘谬以千里的后果。所谓"冰冻三尺，非一日之寒"，贺江涛之所以在编程方面能在国内一直领先，与徐老师的科学培养是分不开的。

走在前列要谋新篇

介斐老师承担其中两个模块——电路设计和故障排查模块的辅导。两个模块的分值都是 10%，别看这两个模块分值少，但这部分分数却是不容有失的分数，得到了不一定能拿第一名，要是失去了，肯定拿不到第一名。

在全国选拔赛中，电路设计满分 10 分，贺江涛得到 9.6 的高分，故障排查得到满分，这两个项目直接比其他强队选手高出 4—5 分，奠定了领先的优势，并因排查速度快，为安装模块抢出了半个多小时的宝贵时间，为晋级国家集训队打下了

贺江涛冲刺喀山世赛训练中

坚实的基础。

进入国家集训队后，题型发生变化，特别是电路设计由半开放题转为盲题，由于我省选手从未接触过国家集训队的这种出题方式与难度，急需转变做题方式方法，介老师搜集试题资料，摸索出题规律，钻研做题技巧，及时为贺江涛定制出一套适合其自身的高效方法，并对其反复练习进行优化检查。

在贺江涛外出训练期间，介老师一直为其提供远程技术支持及题目检验，并在基地带训梯队选手，反复推敲与校验其故障排查模块的做题方法，以保证贺江涛在选拔过程中该项目上的优势地位。

2019年1月在西安考核前期，介老师离开病榻上的母亲和正在准备中考的孩子，去为贺江涛进行赛前指导与调节，及时稳定并提升其状态，最终贺江涛在考核中拿下了高分，占据了领先的优势。

在长期指导贺江涛进行训练的过程中，介老师和贺江涛形成了亲密的信任关系，既为其做好技术技能指导，又及时监控与调节其生活、身体、心理状态，被贺江涛称作"像姐姐更像妈妈"的老师。

国家集训队阶段

2018年9月7日，经学校领导研究决定，让贺江涛的主教练陈征作为随队教练全程负责贺江涛的国家集训基地集训工作，这一去就是197天。

陈老师放下自己刚满1岁1个月零5天的孩子，在爱人欲

杨校长与贺江涛及其主教练陈征在"10 进 5"第一轮集训中合影

言又止的目光注视下,毅然收拾行李带着贺江涛赶赴了第一个国家集训基地——山东潍坊。

有人说:"陈老师,虽然你付出的挺多,但带选手出了成绩,收获了不少鲜花和掌声,你也值了。"但孩子刚生下来不满 100 天时,陈征作为主教练天天泡在学校训练场地指导选手,无周末无假日,把家庭都丢给爱人;孩子刚满 1 岁,却又带着选手在外地集训长期出差,面对的是"付出不一定有成绩"的局面,多少集训队的随队教练在"10 进 5"考核后,都是悄无声息地回到自己的学校。时乃 9 月,于陈征而言,颇有"风萧萧兮易水寒"之感。

这 197 天,陈征与贺江涛同吃同住,彼此信任,彼此成就,已成为最为亲密的伙伴。这 197 天,不论是在国家基地还是在外走训,他们两个形影不离。选手对技术问题存在疑惑,耐心帮他理顺思路;专家需要技术帮助,接到电话后凌晨起床加班至四点为专家解决后顾之忧,这些都是陈征的日常。

"一入世赛深似海"不是一句空话。别人做的是一份工作,白天上完班,晚上是属于自己的;世赛是一场战争,战争哪由得你区分白天黑夜。特别是考核时,陈征作为裁判,既要打分忙到深夜,还要顾及选手的比赛心情,回宿舍时要想好怎么跟选手说他的成绩才不至于影响到他第二天的发挥。在广州考核时,陈老师天天熬到凌晨 2 点多才睡,最后眼睛充血,整只白眼球都变成了红色……

国家队冲刺阶段

2019 年 3 月 22 日,广州考核后,贺江涛获得了第 45 届世界技能大赛工业控制项目国家正选选手资格,国家专家组成员也全部投入对贺江涛的训练指导工作中来。

在此阶段,陈征和徐国传作为主要成员依然在为贺江涛冲

第 45 届全国选拔赛结束后全体裁判、选手合影

刺世赛服务。

此时，徐国传老师还负责学院里的教学管理工作，但在学校让他承担起贺江涛工具整理发往俄罗斯的任务时，他二话没说就接受了。工具打包发货，听起来很简单，但经历过往国外发送批量工具的人都知道，这不是一个简单的工作。150 多件大小工具，徐老师要编号、排序、估价、拍下照片、说明用途、整理成册，再往深一点说，万一哪一件工具漏发了，选手比赛时找不到这件工具，影响到比赛成绩，其责任非同小可。但是，这一切在徐老师的安排下万无一失，所有工具一件不漏、毫发无损地安全抵达俄罗斯喀山世赛场地。

而此时，陈征则全面负责起贺江涛的训练冲刺工作。从给选手出题、评分、指导改进，到国家队专家的饮食起居迎来送往；从选手心理状况观察、体能状态监测，到专家工作室的卫生打扫布置，事无大小，陈老师都是亲力亲为。不是自己的学校没人帮忙，而是选手和国家队专家熟悉陈征，习惯了一切事情都找他。陈老师也是毫无怨言地为专家服务，帮着选手冲刺。陈老师带贺江涛随队集训了 197 天，冲刺阶段又忙了没有一天假期的 153 天。

第 45 届世界技能大赛工业控制项目，河南化工技师学院的贺江涛获得了铜牌。成绩的取得，固然是选手个人努力拼搏、精益求精的结果，但也正是有了河南化工技师学院这样一支艰苦奋斗、踏实肯干、积极阳光、尊重包容、团结协作、精益求精的教练团队，河南的工业控制项目才会从"工业控制项目的国家集训队里，还未出现过河南选手的身影"，到获得国家正选选手资格,再到为国出征,"剑"指喀山,获得工业控制项目铜牌。

结束语

工业控制项目能取得优异成绩,是省厅领导、学校领导、专家教练、系部老师、心理体能团队、后勤保障团队、行政宣传部门、兄弟单位等方方面面共同努力的结果,是大家尊重包容、团结协作、共同努力的结果,是精益求精、追求完美、落实落细落小的结果,是化院精神的完美诠释。

河南化院校貌一览

越努力，越幸运

——河南化工技师学院奋战第 45 届世界技能大赛工业控制项目总结

徐琳怡　于　海　郑思涵

河南化工技师学院贺江涛同学参加第 45 届世界技能大赛并荣获铜牌，是河南省首次有本土院校培养的本土选手代表国家参赛，是河南省技工院校系统的学子首次登上世界技能之巅，实现了河南省技工院校参加世界技能大赛历史零的突破，开创了河南省技工院校参加世界技能大赛并获奖的历史先河，化院学子贺江涛用顽强拼搏的精神和精益求精的技能书写了技能报国、技能强国华章，鼓舞了河南省参与世界技能大赛的热情，坚定了河南省广大院校及企业参与世界技能大赛的决心，树立了河南省跻身世界技能大赛奖牌榜的信心。

河南化工技师学院世界技能大赛工业控制项目团队也用科学的培养培训方式、创新的教育教学方法、完善的后勤保障服务绘就了精彩的世赛篇章，用实际行动践行了"为党育人、为国育才"的初心使命，让河南技能学子在世赛舞台上精彩绽放。

经验总结

省厅重视　信心倍增

李甄副厅长、张荣瑞处长、张志林主任、王远副处长从2017年4月带队去广东考察学习,到河南省选拔赛、全国选拔赛等重要节点都亲临现场指导、鼓励选手,协调、解决问题。王远副处长参与了全国选拔广州赛事的全过程,一直在现场为选手和教练团队加油鼓劲。在冲刺训练中和出征前夕,李甄副

人力资源和社会保障部职业能力建设司副司长刘新昌(左三)、省人力资源和社会保障厅副厅长李甄接见学院世界技能大赛项目主要负责人

河南省人社厅领导参加2019世界技能大赛工业控制项目邀请赛开幕式

厅长、张志林主任、王远副处长多次到现场看望选手、专家组组长和教练。张志林主任 5 月 29 日专程赴天津职业技术师范大学协调专家组组长闫虎民本单位工作与选手训练指导时间冲突的问题。漯河技师学院马占欣副院长 3 月亲赴广州、5 月亲赴天津支持我校大赛工作。

同吃同住　乐于奉献

主教练陈征全程陪伴在贺江涛身边，与贺江涛同吃同住。他们彼此信任，彼此成就，已成为最为亲密的伙伴。

贺江涛及其主教练陈征

在 197 天的国家基地集训时间里，陈征把家里刚满 1 岁的孩子托付给爱人，自己则全心全意为贺江涛付出，不论是在学院基地还是在外走训，他们两个形影不离。

在 153 天的世赛冲刺阶段，陈征也是连续工作，没有休息过一天：选手对技术问题存在疑惑，耐心帮他理顺思路；专家需要技术帮助，接到电话后凌晨起床赶赴学校加班至四点为专家解决后顾之忧。生活方面，陈征更像是大哥哥，其贴心的关爱和支持让贺江涛感觉到温暖且踏实，充分体现了艰苦奋斗、踏实肯干、积极阳光、尊重包容、团结协作、精益求精的化院精神。

执着追求　勇攀高峰

选手贺江涛从进入学校集训队以后,一直到喀山比赛都表现出了优秀的素质,尤其是进入国家集训队以后,奋力拼搏,努力进取,用专家的话说就是"贺江涛是一匹'黑马',闯入了世赛"。

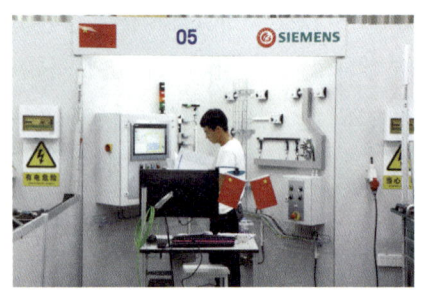

贺江涛在第 45 届世赛河南国际邀请赛比赛中

贺江涛有让微笑成为习惯的亲劲,跟其他选手及专家、教练相处得很好,时刻保持积极心理、阳光心态;有自觉自愿的干劲,训练时不是"让我做",而是"我要做";有善学善思、精益求精的钻劲,集训队员中的很多操作方法、技巧都是贺江涛提出、改造、创新的;有遇到挑战不服输的倔劲,"别人说我第 10 名晋级无望,我却偏偏不信邪,厚积薄发,敏于行而讷于言,用实实在在的成绩做出回答";有遇到挫折不气馁的韧劲,能够客观看待自己在集训过程中遇到的问题,不骄不躁,甚至害怕平时遇不到挫折,闻过则喜,扬长避短,从别人的长处找自己的不足。

尊重包容　团结协作

"上下同欲者胜,风雨同舟者兴"。学校教练团队、心理体能团队、后勤保障团队密切合作,针对贺江涛集训及备赛过程中出现的问题,主动、有效、积极沟通并随时研究解决,将问题消灭在萌芽状态。学校各部门对于选手、专家的需求有求必应，圆满完成了各项保障工作。对于不足之处，"内归因"思考分析问题，查找自己存在的问题，体现了务实重干、踏实肯干、雷厉风行、执行力强的工作作风。

在"10进5"集训时，贺江涛因为一些事情心情受到影响，学校心理辅导老师曹丽屏从贺江涛的微信头像变化敏锐地判断出选手的状态出现了异常，在和随队教练确认情况后，很快协调北京心奇迹公司的心理辅导老师赶赴集训基地为选手做心理辅导，及时化解了选手的不良情绪，保障了训练高效进行。

科学训练　事半功倍

在成功进入国家集训队后，我们认真进行总结，发现了自身的不足。我们的教练和选手比赛经验欠缺，选手心理素质不稳定，针对这些问题，在学校领导协调下，我们聘请了北

杨校长、徐大真教授及外国专家在第45届世赛河南国际邀请赛上

京心奇迹公司分别对教练团队和选手进行"世赛系统性思维"的培训和训练，并针对选手制订了心理训练计划并实施。贺江涛获得正选选手资格后，我们又聘请世赛研究中心徐大真教授做选手的心理训练工作。我校曹丽屏老师和张超老师一直配合

心奇迹公司、徐大真教授定期对选手进行心理测评及训练辅助工作和选手的体能训练工作。

贺江涛在集训过程中,由于训练过于刻苦,造成手腕肌肉劳损,时不时会出现手腕疼痛现象,为此我们聘请原开封市按摩医院副院长给贺江涛制定康复套餐并亲自按摩治疗,解决了潜在的隐患。贺江涛在集训过程中,由于客观上承受着非常大的压力,造成没有食欲,为此我们聘请专业营养师到校为选手诊疗并制定食谱及营养套餐。结合选手爱吃面条的特点,校领导叮嘱餐厅以"马上办"的态度熬制营养鸡汤、骨汤下面条,保证了选手的营养需求。

在"10进5"考核阶段,贺江涛的安装模块一直未能做到队内最好,学校领导在第三轮考核前看望贺江涛时,观察到槽盒拼缝上有些不够完美,于是和选手、教练一起研究、想办法,解决了问题。

兵马未动　粮草先行

对于训练中需要的设备与耗材,一是质的问题,二是量的问题,学校都给予充分保障。通过对贺江涛训练耗材的估算,消耗量小的以两倍及以上的量进行采购,消耗量大的以十倍的量进行采购。因大部分都是德国直接进口的耗材,学校从一开始采购无渠道,到后来能够多渠道供应,充分满足了选手的训练需要。

经费保障　助跑世赛

学校前后多方筹措资金1050万,及时充足的资金满足了

2019世界技能大赛工业控制项目河南国际邀请赛

2019世界技能大赛工业控制项目河南国际邀请赛现场

设备和耗材采购、选手出国拉练、国际邀请赛、专家费用等需求。

后期国家队集训期间学校又克服资金上的困难，把原用于给全院教师发放绩效工资的 360 万留了下来，专项用于采购世赛官网公布的拟用清单中的主设备和耗材。

后勤保障　无微不至

学校组建以主管领导赵继高、李晓军为组长，餐饮、物资、住宿等方面的专门人才为成员的后勤保障团队，提出"一切为世赛选手和教练组服务"的指导思想，严格按照教练组要求，无论是日常还是节假日保证全心全意做好餐饮和各类物资保障工作，在整个保障过程中随时解决集训团队遇到的任何后勤保障问题，不管是餐厅就餐，还是集训基地物品保障，做到随时需要随时保障到位。

在住宿方面，安排专人进行保障，对专家公寓重新进行家具的配备及装饰，安排专人打扫卫生，配备各类水果，为专家、教练、选手营造安全舒适的住宿条件。

在国际邀请赛期间，保障团队没有大赛保障经验，为此专门到其他有大赛经历的院校向专家、选手请教，又专门聘请中、西餐厨师，全力做好保障工作，最后得到了专家、教练团队及选手的一致好评。

每到一个基地集训时，学校领导都会在考核前两天看望鼓励选手，但在考核开始时就返回，不给选手太大压力。

营造气氛　齐心协力

学校大力宣传，在校园文化标语上加入大量世赛元素。伴随着开封网和开封日报的连续报道，全校教职工言必谈世赛，学校领导和各部门在世赛需要的时候都能大力支持和协助。全校师生对我校备赛高度关注，人人都以贺江涛为榜样，崇尚技能，争当上游。学校教职工看到有关世赛的新闻都会与大家分享，为学校备赛加油鼓劲。

尽职尽责　功不可没

第 44 届世赛工业控制项目专家组组长、第 45 届世赛工业控制项目专家组成员袁海嵘在我省举办选拔赛时担任裁判长，把贺江涛从众多选手中选拔出来，后期多次来校指导；在人社部确定第 45 届世赛工业控制项目正选选手后，他又亲自协调西门子设备货期问题，并在冲刺阶段安排专家组成员宁康波长期留驻我校，对选手进行指导。

贺江涛与专家团队

专家组组长闫虎民在国家集训队阶段和冲刺阶段，353 天

"5+2""白加黑"地辅导选手,做出了巨大的个人及家庭牺牲。2019年是闫教授儿子的中考年,但闫教授没有在家辅导过孩子一天。备赛期间的常态是,工作日里闫教授要忙于自己的本职工作,一赶上周末或者放假,闫教授连家都不回,从学校直接去机场或者高铁站就赶赴了国家集训基地或者我校,指导选手训练。

贺江涛与专家组组长闫虎民

启示

启示1:竞赛能取得优异成绩,是省厅领导、学校领导、专家教练、系部老师、心理体能团队、后勤保障团队、行政宣传部门、兄弟单位,等等方方面面高度重视、共同努力的结果,是大家尊重包容、团结协作的结果,是精益求精、追求完美的结果,是化院精神的完美诠释。

启示2:结合学校自身特点,科学选项目,选那些别的学校没有形成绝对优势的项目；科学选选手，除大家公认的不胖不瘦、不高不低外，还要相对成熟，有内在的自觉自愿干、主动积极干的意愿，这一点非常重要。

启示 3：充分的资金投入，设备耗材保质保量；和专家、教练、选手、家长充分交流沟通，感情上充分投入；舍得投入不一定有成果，不舍得投入一定没成果。

启示 4：各项工作要落实落细落小，技能、体能、心理、身体、饮食、出行等都要全面统筹考虑，形成闭环正反馈，有一点问题不怕，但一定要能迅速得到解决。

启示 5：遇到问题内归因，不抱怨，不埋怨，更不指责。竞赛过程的不确定性，竞赛结果的不可预见性，赋予了竞赛无穷的魅力。没有实力的竞赛选手肯定不行，有实力也不一定就能拿金牌。在全国选拔赛以及国家集训队"10 进 5""5 进 1"考核和喀山决战中都出现过意料之外的情况，但我们正是凭借着超乎别人的努力和超乎别人的精益求精，才取得了今天的优异成绩。

贺江涛参加世赛历程

陈　征

贺江涛参加世赛过程

校内选拔及省赛阶段

贺江涛从所在2016级中德BBW心连心班中经过层层选拔进入学校集训队，在2018年4月的河南省选拔赛中，贺江涛拿到了选拔赛的第一名并一直保持，最终获得唯一一个代表河南省参加工业控制国家选拔赛（国赛）的资格。

河南省人社厅副厅长李甄（左三）等领导在第45届世界技能大赛河南省选拔赛上与专家袁海嵘（右三）合影

国家选拔赛（国赛）阶段

国赛全国共有22支省队和行业代表队参赛，学校加大对贺江涛的全方位训练，包括但并不限于体能、心理、饮食、后勤等方面。

学校多方协调，组织教练团队陈征、徐国传、介斐一起先后赶赴邢台技师学院及上海市高级技工学校走训及观摩，赴洛阳中国空空导弹研究院技工学校学习世赛训练经验，邀请制造团队挑战赛金牌选手林春泷及铜牌选手刘培桐等来校交流，帮助教练团队及贺江涛更加深入地认识、了解世赛并掌握其规律。贺江涛最终在6月12日至15日的第45届世界技能大赛全国选拔赛中脱颖而出，代表河南省工业控制项目首次闯入国家集训队。

国家集训队阶段

虽说贺江涛进入了国家集训队，但名次是第十名，在国家专家及教练组名单中没有我们教师的名字出现，我们也不是该项目的国家集训基地，出线形势不容乐观。

河南省人社厅职业能力建设处副处长王远（左二）与贺江涛及其教练团队在广州集中考核后合影

国家队集训（集中训练然后考核）分为两个阶段——"10进5"阶段和"5进1"阶段，时间跨度从2018年9月1日至2019年3月22日近七个月的时间。学校派出主教练陈征作为随队教练，陪同贺江涛在山东、湖北、辽宁、西安、海南、广州全程同吃同住及集训，并参加裁判工作。"10进5"阶段分三轮集训，贺江涛最终以总分第二名成功晋级。

"5进1"阶段分为两轮，其中第二轮采用集中考核的方式由第三方承办，经过惊心动魄的激烈争夺，最终，贺江涛以第一名的成绩获得代表国家参赛的资格。

每一轮的集训对于选手及随队教练都是一次历练，集训队中的选手都是高手，集训队选手作为宝贵的"战略资源"一般都会被各自的学校储备，避免技术外泄。贺江涛在一路不被看好的情况下——集训队中有很多人"羡慕"地对贺江涛的随队教练说"你们俩在国家队'一轮游'就可以回家了，不用再经历后面的'折磨'了"——能够逆袭，我们觉得以下经验值得总结。

第一，校方的支持力度有增无减。

在不被看好的情况下，学校依然聘请世赛经验丰富的北京心奇迹公司做战略咨询及心理辅导支持；学校特批营养补贴，

杨校长与贺江涛及其教练团队在第一轮集训中于山东合影

为贺江涛在外集训期间补充营养；校领导定期赴集训基地慰问选手和教练，为他们鼓劲打气。

第二，选手和随队教练所在院系领导直接协调相关工作。

选手和随队教练所在院系领导于海协调解决两人在上课、班主任工作、后勤、耗材采买、经费申请方面的工作，为他们解决后顾之忧，并结合随队教练将所有与比赛无关的事情与选手隔绝，让选手全身心地投入训练和比赛中。

第三，畅通沟通并立足于解决问题。

贺江涛的教练团队坚持问题导向，立足于解决阻碍选手拿分的任何问题。前、后方沟通畅通，问题经交流分析获得一致意见后立马解决。随着问题越来越少，贺江涛的成绩和名次也就水涨船高。

国家正选冲刺阶段

在选手冲刺阶段，专家组做出的分工如下：

闫虎民（专家组组长，天津职业技术师范大学教授），全权负责冲刺阶段所有工作，并负责贺江涛电路设计模块训练；

袁海嵘（专家组成员，西门子公司项目经理），负责西门子硬件准备及指导；

宁康波（专家组成员，西门子公司工程师），负责编程模块主项目训练指导；

王林（教练组成员，铁岭技师学院教师），负责编程模块出题、主项目训练指导；

徐大真（心理辅导专家，天津职业技术师范大学教授），负责选手冲刺阶段的心理状态调整。

贺江涛和专家团队在第 45 届世界技能大赛赛前动员会上

根据现场实际情况和本人意愿，我校领导、教师形成的分工如下：

杨篯立（河南化工技师学院校长），全面负责我校选手冲刺工作，解决训练过程中遇到的棘手问题。

于海（河南化工技师学院自动化学院院长），全面协调专家组要求与校内各部门之间的工作，对冲刺训练提出建设性意见；

曹丽屏（河南化工技师学院学生处处长，国家二级心理咨询师），负责选手的体能训练、心理辅导；

李晓军（河南化工技师学院总务处处长），负责提供专家公寓和专家就餐方面的工作；

徐国传（贺江涛教练，河南化工技师学院教师），负责贺

江涛工具运往俄罗斯事宜及大批量耗材采购事宜;

陈征(贺江涛主教练,河南化工技师学院教师),负责主项目训练、评分,排故训练、评分,贺江涛紧急需要的耗材准备、工具采买,贺江涛营养品申报,专家室布置和卫生及专家组临时布置的工作等;

郑思涵(河南化工技师学院教师,校内翻译),负责专家组接站送站、专家组公寓准备、河南国际邀请赛期间翻译、河南化院保障团赴俄事宜等。

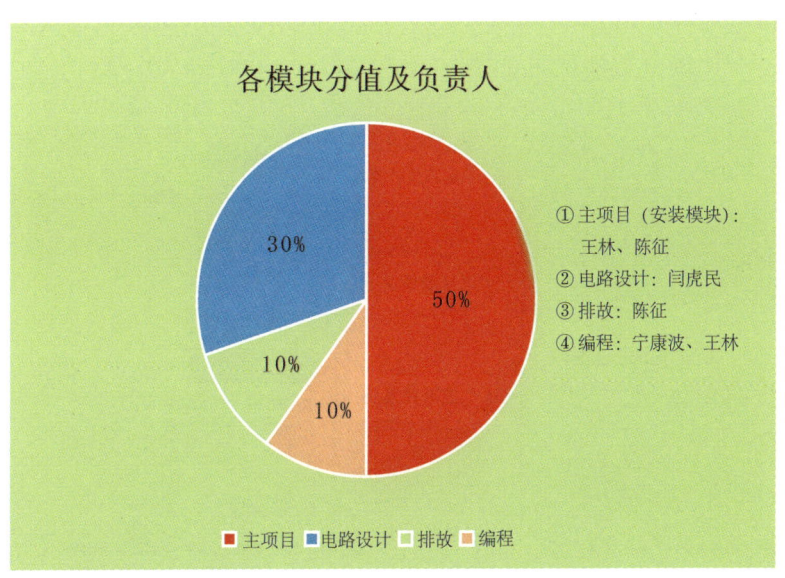

各模块分值及负责人

喀山世赛期间

世赛工业控制项目的四个模块是电路设计模块、编程模块、主项目模块、排故模块,比赛共 4 天 20 个小时。本届世赛我们潜在的竞争对手包括韩国、日本、巴西、瑞典、印尼等。第一天本来要考核电路设计模块,但是因为软件授权问题,世赛首席专家临时决定更换软件版本并推迟至第二天做电路设计,这个变化也直接导致了印尼选手"崩盘",退出了竞争者行列。第三天的故障排查模块,只有我们和德国拿了满分,又因韩国队安装模块做得较好,而德国队工艺做得相对较差,所以竞争者名单里只有韩国和瑞典了,主要是韩国,但前三天比赛我们依然领先韩国选手4分左右。但第四天最后半小时的评分,因为某项参数设置问题,我们被直接扣了9分。

比赛分数情况见下图:

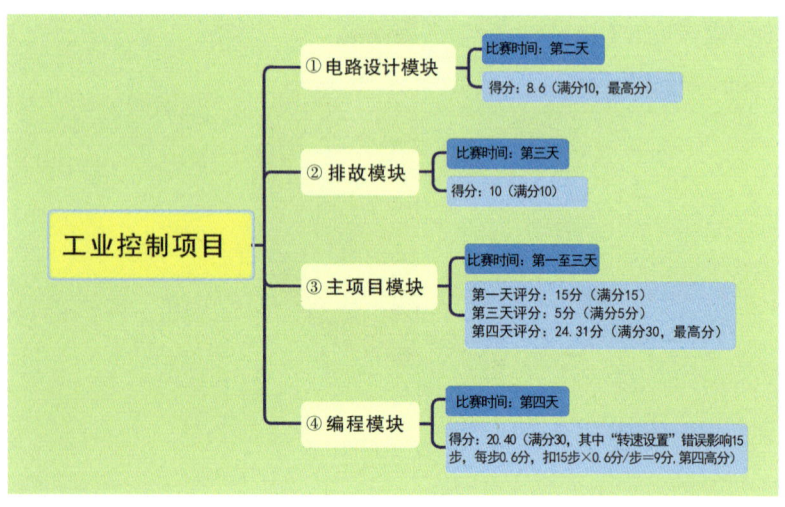

喀山世赛比赛分数情况

世界技能大赛铜牌获得者贺江涛背后的故事 | 093

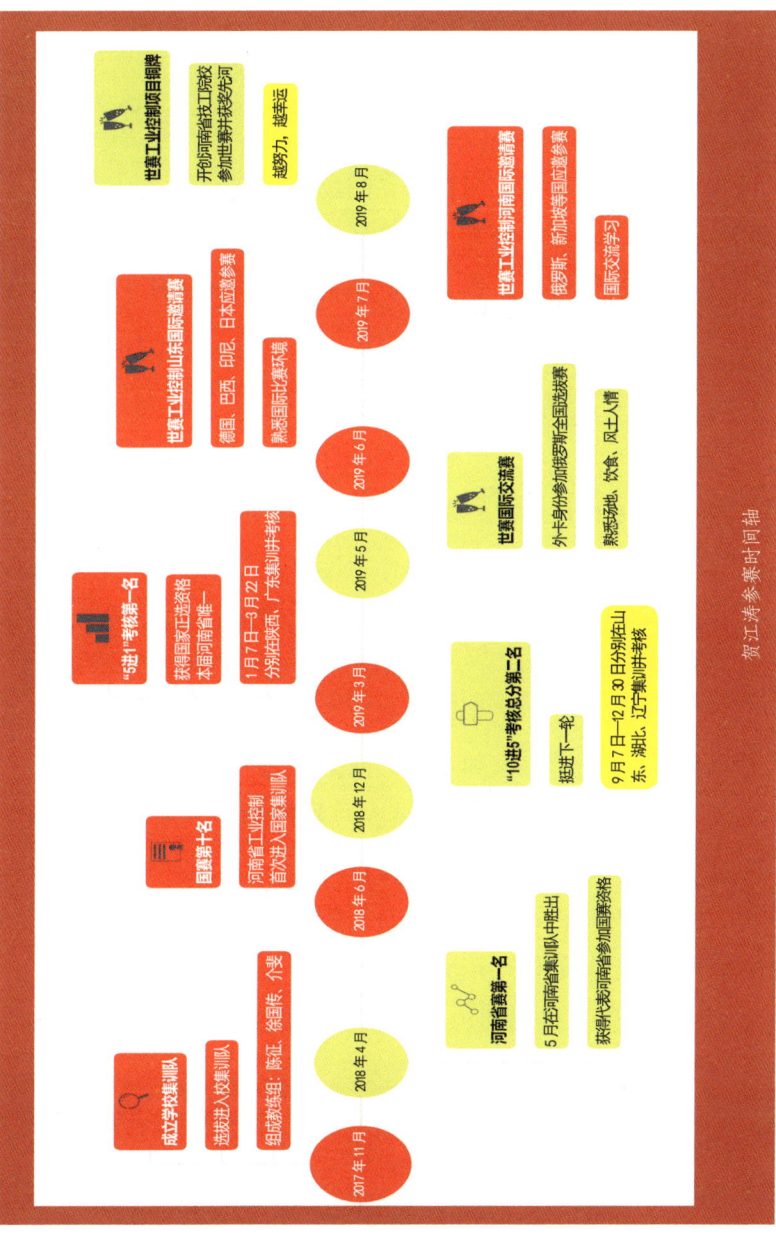

贺江涛参赛时间轴

参加喀山世赛前我们的情况

我们的前期准备

在喀山世赛前，我们组织了两场国际邀请赛，前后邀请了德国、巴西、印尼、日本、俄罗斯、新加坡等国选手参赛；人社部在 5 月初也组织了包含我们项目在内的 6 名选手赴喀山参加俄罗斯国家选拔赛。经过交流比赛，选手增强了信心。

我们的有利条件和不利条件

有利条件：

完善的硬件设施及充足的进口耗材供应；

专家组上一届成熟的组织、训练及参赛经验；

学校校长亲自抓比赛，解决紧急问题。

不利条件：

世赛期间专家和选手被主办方安排在不同的地方居住，出入需刷卡，不利于专家和选手之间的交流；

选手冲刺阶段承担压力过大，虽然餐厅换着花样准备食材，但选手饮食情况一直不太好；

选手训练刻苦，右手手腕有劳损，虽然经过名医调理已经消除疼痛现象，但仍存在隐患；

此次世赛工业控制项目，我们的优势模块大大降低了难度，比如电路设计和编程。

其他工作

保障工作

学校组建以主管领导赵继高、李晓军为组长,餐饮、物资、住宿等方面的责任人为成员的后勤保障团队,提出"一切为世赛选手和教练组服务"的指导思想,严格按照专家和教练组要求,无论是日常还是节假日保证全心全意做好餐饮和各类物资保障工作。在住宿方面,安排专人进行保障,对专家公寓重新进行家具的配备及装饰,安排专人打扫卫生,配备各类水果,为专家、教练、选手营造安全舒适的住宿条件。

在国际邀请赛前,保障团队没有大赛保障经验,为此专门到其他有大赛经历的院校向专家和选手请教,又专门聘请中、西餐厨师,全力做好保障工作,最后得到了专家、教练团队及选手的一致好评。

于海院长(左四)、贺江涛与后勤保障团队组长李晓军(右四)等合影

设备耗材

学校克服资金上的困难,根据专家要求,将和世赛一模一样的主设备按时采购到位。

耗材按照世赛官网公布的拟用清单准备,因大部分都是德国直接进口的耗材,学校从一开始采购无渠道,到后来能够多渠道供应,保证了选手的"弹药补给"。

心理体能

获得正选选手资格前,我校聘请北京心奇迹公司做选手的"世赛系统性思维"开发,并和我校二级心理咨询师曹丽屏、张超结合起来做选手的心理辅导;获得正选选手资格后,我校又聘请世赛研究中心徐大真教授做选手心理辅导方面的工作。

体能训练工作一直由我校曹丽屏、刘俊团队持续跟进,体能团队结合选手实际情况和比赛特点,有的放矢地进行训练,得到了专家和选手的高度认可。

河南化院世赛保障团抵达喀山

所取得成绩的意义

2018年6月,我校工业控制项目选手贺江涛以国赛第十名的成绩代表河南省首次进入国家集训队,实现了河南省该项目进入国家集训队零的突破。

2019年3月,我校工业控制项目选手贺江涛经过近7个月的集训,前后5次的考核,获得了河南省唯一一个国家正选资格。

2019年8月,贺江涛在第45届世界技能大赛上荣获工业控制项目铜牌,开创了河南省技工院校参与世赛并获得奖牌的历史先河。

学校师生欢迎贺江涛荣获第45届世界技能大赛铜牌凯旋

世赛故事 精彩传扬

2018—2019 年国家选拔赛和第 45 届世界技能大赛比赛前后，技能中国、世赛中国、河南商报、河南工人日报、开封日报、汴梁晚报、大河网、凤凰网、河南卫视等国家级、省级、市级媒体多次到学校对贺江涛和学校世赛团队进行采访报道。

贺江涛获得的第 45 届世界技能大赛工业控制项目铜牌

乾坤未定 你我皆"黑马"

——第 45 届世界技能大赛工业控制项目选手贺江涛

（来源：技能中国）

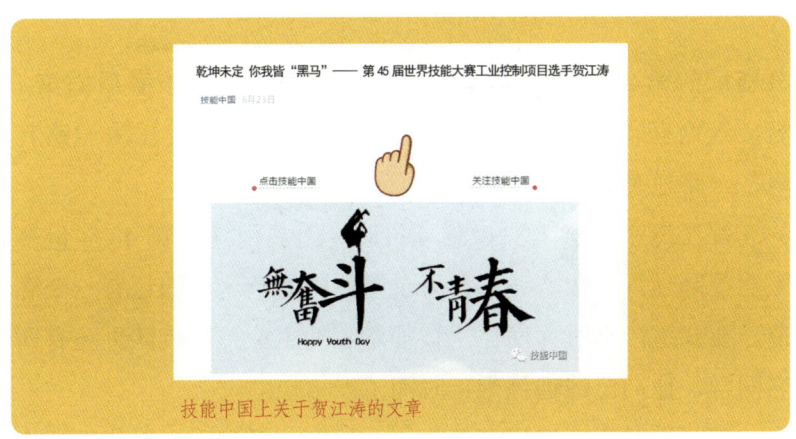

技能中国上关于贺江涛的文章

"爱笑的人，运气都不会太差"。第 45 届世界技能大赛工业控制项目正选选手贺江涛，就是这样一个未开口，先对你微笑的小伙儿。

一路逆袭成"黑马"

有人说，贺江涛是第 45 届世界技能大赛工业控制项目里的一匹"黑马"。

从全国选拔赛里的第 10 名，到国家队"10 进 5"三轮考

贺江涛在山东国际邀请赛上

核赛后的第 2 名,再到国家队"5 进 1"两轮考核赛后的第 1 名,继而获得代表国家征战喀山世赛的资格,贺江涛一路狂飙,一路逆袭,终成"黑马"。

贺江涛刚接触工业控制项目时,距离河南省第 45 届世赛工业控制项目选拔赛还不足五个月的时间,这中间还有一个春节。要知道,当时河南化工技师学院的工业控制校队里还有四名同学,他们已经训练半年时间了。

按照世赛全国选拔赛的规则,只有一名选手可以代表河南省参加国赛,但此时的贺江涛连能否在校内淘汰赛上胜出都未可知。

不到黄河不死心

九曲黄河流不尽,不畏艰险河南人。

河南人爱说"不到黄河不死心",贺江涛愣是凭着河南人特有的这种倔劲儿,在接下来的校内集训中,废寝忘食地奋力追赶上他的队友。

本来春节时教练给贺江涛和队友们放了七天假，但贺江涛在家只休息了三天，就要求回到学校继续训练。

时间是最好的见证者。在2018年4月举办的河南省第45届世界技能大赛工业控制项目选拔赛中，贺江涛第一次获得了第1名。

虽然荣获了河南省赛的第1名，但到了中国技能大赛中，贺江涛摘下的只是工业控制项目全国第10名，刚刚跨过国家集训队的门槛。

有人说"你们已经创造了中国技能大赛工业控制项目河南的历史了，在国家队'一轮游'下，重在参与，开心就好"，但贺江涛不甘心，河南化工技师学院自动化学院的院长于海也给贺江涛鼓劲说："江涛，你只管好好训练，别的你都不用担心，缺啥给你补啥。"

"设备贵、耗材多，我们都给你想方设法搞定，"于海对贺江涛说，"你只需全力以赴。"

天道酬勤能补拙

决心是有了，但在国赛中冲出重围，又谈何容易？

国家集训队里高手如云，其他选手们的教练更是精英中的精英。

"能力不够，勤奋来凑。"在"10进5"的第一轮集训期间，贺江涛虚心求教、勤奋练习。

如果说集训队里谁最有天分，这个谁都不好说，但如果说谁最勤奋，贺江涛绝对是大家重点考虑的人选。

勤奋的汗水终于在"10进5"的第一轮考核中浇灌出硕果,考核结果贺江涛第3名,且仅比第1名低0.32分。

面对成绩,贺江涛并没有骄傲,因为分数比别人低就是比别人低,别说低0.32分了,就是低0.001分,也是技不如人。

"10进5"第二轮和第三轮考核时,"空杯心态"的贺江涛越战越勇,最终在"10进5"三轮综合考核中名列第2,晋级下一轮。

按照概率论,"10进5"考核,选手胜出的概率有50%,但在"5进1"考核时,这个概率就变成了20%,概率的变化体现出比赛的残酷。

和其他选手不一样的是,贺江涛还是一名"老队员"。

集训队里的很多选手在年龄上还允许自己参加下一届世赛,但对于贺江涛来说,他的年龄只允许自己参加这一届,等到了下一届世赛就超龄了。

贺江涛珍惜人生最后一次机会,一刻都不敢放松,就连2019年的春节,他也只在家休息了三天,大年初三就又赶回学校参加训练了。

2019年3月19日,第45届世赛工业控制项目全国集中阶段性考核在广州正式开赛。

这次比赛是"5进1"两轮考核的最后一次考核,且考核分占"5进1"考核总分的75%,比赛采取了集中性考核的方式。

所有的选手和教练都不敢掉以轻心,贺江涛更是铆足了劲儿:白天,在场地里争分夺秒地练习,晚上,回到宾馆还要利用自制的模拟设备进行编程训练,到了睡前,如果不琢磨着编几段程序,晚上甚至都睡不着觉。

天道酬勤,在广州考核比赛的四天时间里,贺江涛和另一名选手的成绩交替上升,直到最后一天才决出胜负。

经过集训队长达半年的集训、走训,每位选手的水平都有了长足的进步,甚至可以说,谁代表中国参赛都是合适的,但现实是,只有一名选手能代表中国参赛,这是比赛,这就是规则。

比赛比拼的是技术,但更是技术、素质、细节、毅力等凝聚起来的综合能力。

贺江涛在"5进1"第一轮考核中

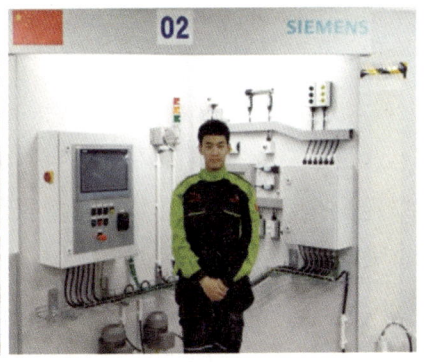
贺江涛在"5进1"第一轮考核后留影

最后一天的比赛是编程模块的考核,编程模块总共给了四个小时,但得拿出来一个小时左右的时间做触摸屏画面。

触摸屏画面只占3分,而其他部分占27分。画面上有二百多个元素,但是如果超过五个元素不一致,画面分就全没了。

触摸屏画面"投入产出比"太低,很多选手都会选择直接放弃,全力保后面的程序实现分。但贺江涛没有放弃这个部分,在比别人有效编程时间更少的情况下,认认真真地做了画面。

最终，只有贺江涛在这个部分拿到了 0.3 分，但恰恰是这 0.3 分起到了决定性作用。原来，贺江涛仅比第 2 名总分高了 0.1125 分。

越努力，越幸运啊！

少年心事当拏云

面对即将到来的喀山第 45 届世界技能大赛，贺江涛很清楚自己该怎样去打拼，一切的关键是做好自己的事情。贺江涛说："我希望成为一个不管遇到什么都可以乐观积极面对的人。"

是什么给了贺江涛一路奔腾的信念和力量？贺江涛坦言是兴趣。是啊，做自己喜欢和擅长的事情，精力和才能都会不请自来。

几年前，贺江涛不会预料到自己今天的路会越走越远，一直通往异国他乡的俄罗斯喀山。

即便是一脚踏进省赛，于贺江涛而言，也就是想做一些自己喜欢的事。正好，刚开始自己挺感兴趣，随着不断的挑战和前行，动力也越来越足，兴趣也越来越浓。

少年心事当拏云，年轻的人生就是一场遇见：遇见挑战，遇见机遇，遇见师长的指导关怀，遇见一路的风景，遇见滚滚而来的未来……

当然，在贺江涛心里还有一个秘密，作为河南省世赛参赛史上本土培养的第 45 届世界技能大赛正选选手，贺江涛十分渴望自己能从第 45 届世界技能大赛的赛场上带回一块奖牌。

为祖国添彩，为河南争光，已经成为贺江涛训练的最大动力和青春使命。

贺江涛成为国家正选选手后在日常训练中

有人问贺江涛："如果世赛比赛结束了，最想做什么呢？"

贺江涛笑了，明亮的眼睛弯成了月牙，眉眼间闪动着对未来的憧憬："跟朋友约好去西藏。"

在贺江涛心里，壮阔的青藏高原、雄伟的布达拉宫、巍峨的珠穆朗玛峰、灿烂的阳光、洁白的云朵、碧蓝的湖泊、皑皑的雪峰，那是一片美丽的净土……

一切美好，而今只是想一想，就像脑海中偶尔涌动的一片浪花。而今，训练是主业，远征是目标，青春的光芒要荣耀在俄罗斯喀山第 45 届世界技能大赛的舞台上。

主编：孙兴伟

了不起!这位来自开封河南化院的帅小伙勇夺世赛奖牌!

(来源:开封网 部分图片来自新华网)

北京时间今天凌晨,从遥远的俄罗斯喀山飞传捷报!

第45届世界技能大赛开幕式

在刚刚闭幕的第45届世界技能大赛上,来自河南化工技师学院的贺江涛作为河南省唯一一名参赛选手,不畏强敌,沉着应战,顽强拼搏,最终以优异的成绩获得工业控制项目铜牌,开创了河南省技工院校参加世界技能大赛并摘得奖牌的历史先河,为祖国争了光,为河南添了彩,为出彩开封再增荣光!

这是咱开封市第一次有选手代表中国参加世界技能大赛,也是河南省高职院校第一次在世界技能大赛上夺取奖牌,更是河南化院建校以来取得的最高级别奖项!

贺江涛获铜牌奖牌榜截图

世界技能大赛被誉为"世界技能奥林匹克",之所以这样说,是因为每两年一届的世界技能大赛和每四年一届的奥林匹克运动会都是各自领域规模最大的综合性赛事,其竞技水平也能代表其所在领域的世界最先进水平。因此,各国都把世界技能大赛看作展示国家技能水平的最高级别赛场,也将其看作展示国家技能领域综合实力的最高规格舞台!

本届俄罗斯喀山世赛上,俄罗斯总统普京、总理梅德韦杰夫分别参加闭幕式和开幕式,全球69个国家和地区的1355名选手参赛,足以显示世界技能大赛是世界范围内最高水平、最大规模的技能大赛。

第 45 届世界技能大赛开幕式现场

第 45 届世界技能大赛开幕式中国代表团入场

近年来,随着中国世界工业制造大国领先地位的逐渐确立,中国从"中国制造"向"中国智造"转型升级,国家对技能人才的培养极为重视,参加世界技能大赛的代表团规模越来越大,成绩也突飞猛进。2017年,在第44届世赛上载誉而归的中国代表团受到国务院总理李克强的亲切接见。

本次世赛,中国代表团派出了包括贺江涛在内的63名选手参赛,他们都是来自全国各地院校、大型企业的顶尖技能高手,代表着中国在各个领域的最高技能水平。

出征仪式

为期四天的赛程中,69个国家和地区的1355名选手在俄罗斯喀山展开激烈角逐,最终,中国代表团勇夺16枚金牌、14枚银牌、5枚铜牌,位列金牌榜、奖牌榜、团体总分第一!

来自河南化工技师学院的贺江涛也在这个世界级的技能舞台上展示了精湛技艺,勇夺工业控制项目铜牌,为河南争了光,为开封添了彩,以实际行动为新中国成立 70 周年献礼!

说起贺江涛所在的河南化工技师学院,不论是在省内,还是在省外,名气都很大!

作为省属公办的一流高职名校,位于开封职教园区的河南化院建校 41 年来为国家培养出一批批劳动模范、技术能手、三八红旗手、先进工作者,为社会输送了 4.5 万名技能人才。

河南化院的工作者们凝时代匠心、铸大国工匠,坚信"劳动创造美好生活""家有万金不如技能在身"。他们把培养良好品德置于培养高超技能之上,把"做事先做人、做人德为先"植入每一个孩子的心中,把成千上万名普通教育的失利者培养为技能教育的弄潮儿,让他们有尊严地实现幸福就业。

河南化院校园一隅

从河南化院走出的优秀毕业生中,有工厂车间骨干的劳动模范,有获得发明专利的五一劳动奖章获得者,有在北京大学、清华大学、中国科学院工作的高技能人才,也有在全国乃至世界各级技能大赛中屡获殊荣的顶尖高手……

他们拿回一个又一个全市、全省、全国荣誉，在技能大赛中一次次擦亮家乡"开封"的名字，骄傲地迈向有"世界技能奥林匹克"之称的世界技能大赛赛场。

为了选拔培养最优秀的选手冲击世界技能大赛奖牌，在人社部、河南省人社厅的大力支持下，河南化院建设了一流的世界技能大赛集训基地，从历届学生中选拔最优秀的苗子进行系统专业的培训。其中，水处理技术项目训练基地被人社部认定为国家集训基地。

中国上海是第46届世界技能大赛的举办地，在当地时间8月27日晚举行的本届世赛闭幕式上，中方与俄方在喀山进行了世界技能大赛会旗交接。这标志着世界技能大赛进入了中国时间、上海时刻！

而对于已经创造了历史最好成绩的河南化院全体师生来说，他们的目标也瞄准了2021年的上海，准备向更高的山峰攀登！

千里之行，始于足下。

作为开封人，让我们为开封有这样优秀的学校与学子点赞！也祝愿志存高远的他们为开封、为河南、为中国赢得更大的荣誉！

记　　者：尹　杰
值班编委：戴晓翔
编　　辑：王效贤
审　　核：杜趁义　李蕙君

河南化工技师学院中德班贺江涛荣获第45届世界技能大赛铜牌

（来源：凤凰网河南综合）

当地时间8月27日晚，第45届世界技能大赛在俄罗斯喀山落下帷幕。在此次世界技能大赛上，来自心连心公司合作项目河南化工技师学院中德班的贺江涛，不畏强敌，奋勇拼搏，攻坚克难，最终以优异的成绩获得工业控制项目铜牌，开创了河南省技工院校参加世界技能大赛的历史先河，为祖国和人民赢得了荣誉。

贺江涛与德国专家等合影

贺江涛表示，取得如此优异的成绩离不开院校领导、教练等多方的努力与支持，同时也跟中德项目的一体化教学培养模式息息相关。

世界技能大赛每两年举办一届，是当今世界地位最高、规模最大、影响力最大的职业技能赛事，被誉为"世界技能奥林匹克",代表了职业技能发展的世界先进水平,是世界技能组织成员展示和交流职业技能的重要平台。第45届世界技能大赛于北京时间8月22日在俄罗斯举行,俄罗斯总统普京、总理梅德韦杰夫分别参加闭幕式和开幕式,共有69个国家和地区的1355名选手参加本届世赛。最终,中国代表团取得16金、14银、5铜、17优胜奖的战绩,再次位列金牌榜、奖牌榜、团体总分第一!

第45届世界技能大赛开幕式现场

中国上海是2021年第46届世界技能大赛的举办地,本届世赛闭幕式上,中方接过世界技能组织会旗,标志着世赛进入中国时间、上海时刻!

追星就追这样的星

——为中国夺取世界荣誉 为河南开创历史先河 河南化院师生热烈欢迎在第 45 届世界技能大赛上载誉归来的优秀选手贺江涛

（来源：开封日报）

河南化院师生热烈欢迎贺江涛载誉归来

"贺江涛最帅！""贺江涛，河南化院的骄傲！""追星就追这样的星！""贺江涛为开封赢得世界荣耀！"8 月 30 日中午，开封北站一片欢腾，鲜花、横幅、国旗将出站口装扮得一派喜庆。河南化工技师学院的师生们在这里翘首等待，准备迎接他们心目中最亮的明星——刚刚在俄罗斯喀山第45届世界技能大赛上勇夺工业控制项目铜牌,为祖国赢得荣誉,开创河南省技工院校世赛历史先河的贺江涛同学。

12:24,从北京发车的G801次高铁准点到达开封北站,前一天才从俄罗斯飞回国内的贺江涛身着中国代表队领奖服走出站台,胸前鲜红的国徽格外亮眼。顿时,接站的师生爆发出热烈的掌声与欢呼声,河南化院党委书记唐维彦、校长杨箎立迎上前去,将鲜花送给贺江涛和他的主教练——河南化院自动化学院的陈征老师。

回到河南化院,贺江涛刚下车就被早已等候在这里的"粉丝们"包围了,学弟学妹们手举鲜艳的小国旗和印有贺江涛帅气照片的海报板,欢呼着将他们心目中的"超级明星"围得水泄不通。风尘仆仆的贺江涛显然没有料到"粉丝们"如此热情,显得既兴奋又有几分羞涩。

手执欢迎横幅的2015级仪表班同学李浩天兴奋地说:"江涛学长特别厉害!"他告诉记者,自己也是学校世赛工业控制项目的选手,和贺江涛一起训练过。"他训练刻苦,操作水平很高,既快又稳,有一种热情在里面,我们都特别佩服他。这次他代表河南、代表中国在世赛拿了奖牌,我要向他学习!"

记者了解到,作为在世界级竞赛上获奖的高技能人才,21岁的贺江涛成了众多外省市院校、企业竞相争抢的对象。他已获得在北京落户的资格,还有外地单位开出200万元年薪吸引他入职,但贺江涛最终仍然选择回母校河南化工技师学院任职。今后,他将作为留校教师在河南化院从事职业教育工作。贺江涛说:"没有化院的精心培养,就不会有我今天的成绩。

荣誉属于我的母校，属于化院团队的每一个人！回到化院任教，是我的唯一心愿，我要用这种方式感恩回报母校！"

世界技能大赛被誉为"世界技能奥林匹克"，每两年一届，是世界技能领域规模最大的综合性赛事，其竞技水平也代表着世界技能领域的最先进水平。全球有69个国家和地区的1355名选手参加本届俄罗斯喀山世界技能大赛，中国代表团派出了包括贺江涛在内的63名选手，他们都是来自全国各地院校、大型企业的顶尖技能高手，代表着中国在这个领域的最高技能水平。经过四天激烈角逐，贺江涛战胜了来自日本、德国、瑞士、巴西等13个国家的实力强大的对手，获得工业控制项目的铜牌。据了解，这是我市第一次有选手代表中国参加世界技能大赛，是河南省技工院校第一次在世界技能大赛上夺取奖牌，也是河南化院建校41年来取得的最高级别奖项。

据介绍，为了选拔培养最优秀的选手冲击世界技能大赛奖牌，在人社部、河南省人社厅的大力支持下，河南化院建设了一流的世界技能大赛集训基地，从在校生中选拔最优秀的苗子进行系统专业的培训。其中，水处理技术项目训练基地被人社部认定为国家集训基地。目前，河南化院的工业控制、水处理技术、化学实验室技术、管道与制暖、移动机器人等5个项目均有训练基地和参赛选手，学校已瞄准将于2021年在上海举行的第46届世界技能大赛，准备再接再厉，向更高的目标攀登。

记者：尹　杰
编辑：万舒曼

世界技能大赛铜牌获得者贺江涛背后的故事 | 117

河南化院航拍图

省厅领导会见第45届世界技能大赛铜牌得主贺江涛

（来源：河南省人力资源和社会保障厅官方网站）

9月11日上午，刘世伟厅长在郑州会见第45届世界技能大赛铜牌得主贺江涛。厅领导李甄、吕志华参加会见。在俄罗斯喀山第45届世界技能大赛上，我厅所属院校河南化工技师学院学生贺江涛荣获工业控制项目铜牌，这是我省高职院校第一次在世界技能大赛上夺得奖牌。

刘世伟厅长对获奖选手表示祝贺，对河南化工技师学院的培养给予充分肯定。他表示，这次参赛为我省完善世赛选手培养体系积累了宝贵经验，增强了河南技工院校参与世界技能竞赛的信心，对推进我省技能培训工作意义重大。他强调，要高度重视高技能人才队伍建设，加大高技能人才培养力度，创新技能人才评价体系，完善技能人才使用制度，厚植我省人力资源优势；要强化先进典型宣传，弘扬工匠精神，树立职业英雄，营造争创一流、为国争先的良好氛围；要认真总结经验，找差距、抓落实、补短板，围绕世赛标准完善"组织领导、专业教练、综合保障、系统培训"四位一体的选拔培养体系，积极备战2021年上海第46届世界技能大赛，力争取得更好的成绩。

世界技能大赛铜牌获得者贺江涛背后的故事 | 119

刘世伟厅长在郑州会见第 45 届世界技能大赛铜牌得主贺江涛

刘世伟厅长等领导与贺江涛及其教练合影

河南省人社厅领导慰问世界技能大赛获奖选手贺江涛，勉励河南化院培养更多优秀技能人才，为出彩中原增添新的荣光

（来源：开封网　开封日报）

"贺江涛作为咱河南省技工院校自己培养的首位世赛选手，在世界技能大赛赛场上不畏强手、勇于拼搏，为国家、为河南争得了国际荣誉，可喜可贺。"9月11日上午，一见到第45届世界技能大赛获奖选手贺江涛，河南省人社厅党组书记、厅长，省委组织部副部长刘世伟就迎上前去，紧紧握住贺江涛的双手，亲切地向他表示祝贺。

贺江涛在第45届世界技能大赛上摘得铜牌

世界技能大赛被誉为"世界技能奥林匹克"，每两年举办一届，其竞技水平代表了当今职业技能发展的世界最先进水平。前不久在俄罗斯喀山举行的第45届世界技能大赛上，来自世界技能大赛组织的69个国家和地区的1355名选手参加比赛。中国代表团派出了63名选手，他们都是来自全国各地院

校、大型企业的顶尖技能高手，代表着中国的最高技能水平。

在本届世界技能大赛上，来自河南化工技师学院的选手贺江涛，经过四天的激烈角逐，战胜了来自日本、德国、瑞士、巴西等13个国家的强劲对手，获得工业控制项目铜牌。据了解，这是河南省第一次有本省培养的选手代表中国参加世界技能大赛，也是河南省技工院校第一次在世界技能大赛上夺取奖牌，开创了河南省技工院校参加世界技能大赛并获奖的先河。

9月10日，河南省人社厅党组成员、副厅长李甄代表河南省人社厅来到位于开封职教园区的河南化院，看望慰问贺江涛及河南化院世界技能大赛参赛团队，并为贺江涛及主教练陈征颁发奖金。

9月11日，刘世伟在河南省人社厅亲切会见贺江涛和河南化院世界技能大赛参赛团队，向他们表示祝贺，并听取了河南化院相关负责人关于备战世界技能大赛及参赛情况的汇报。

刘世伟对贺江涛及河南化院给予充分肯定，高度赞扬了他们的辛勤付出与拼搏精神。刘世伟说："世界技能大赛代表着世界技能的最高水平，竞争极为激烈。这次参赛不仅为我省完善世赛选手培养体系积累了宝贵经验，也增强了河南技工院校参与世界技能大赛的信心，对推进我省技能培训工作意义重大。江涛获得世赛奖牌，起到了很好的榜样示范作用，必将激励更多学子通过技能教育实现人生价值，圆技能报国之梦。走技能之路，大有可为！"

刘世伟表示，从2017年起，河南省加强了世界技能大赛选手培养选拔工作，本届世界技能大赛有23个项目的24名本土选手进入国家集训队,贺江涛更是突破性地获得奖牌,这都说明我省技能培训工作成效显著,发现培养优秀竞赛人才的体系逐渐完善,河南技能培训正走向世界。

刘世伟说:"参加世界技能大赛,是提升我省技工教育国际化水平的重要抓手。过去我们的选手没有走出国门,现在则走上世界舞台,与世界各国高水平技能人才同场竞技,展示了我省技能人才培养的能力,也加强了与世界各国在技能培训领域的交流切磋。接下来,我们将认真总结,围绕世界技能大赛标准完善'组织领导体系、专业教练体系、综合保障体系、系统培训体系'四位一体的选拔培养体系。我们不仅要培养能拿奖牌的'塔尖',更要培育能出好苗子的'优质土壤'。"

据了解,为了选拔培养最优秀的选手冲击世界技能大赛奖牌,在人社部、河南省人社厅的大力支持下,河南化院建设了一流的世界技能大赛集训基地,从在校生中选拔最优秀的学生进行系统专业的培训。其中,水处理技术项目训练基地被人社部认定为国家集训基地。目前,河南化院的工业控制、水处理技术、化学实验室技术、管道与制暖、移动机器人等 5 个项目均有面向世界技能大赛的训练基地和参赛选手。

当得知贺江涛婉拒外地单位 200 万元年薪坚决留校任教,并已作为教练加入河南化院世界技能大赛教练团队为第 46 届世界技能大赛备战时,刘世伟说:"献身技能教育是光荣的选择,值得称赞!有这样努力拼搏、甘于奉献的获奖选手和获奖教练,一定能带出一支获奖队伍!希望河南化工技师学院好好总结此次参加世赛的经验,对标国际先进水平,苦练技能,力争在下一届的世界技能大赛上取得更加优异的成绩，培养出更多服务国家、奉献社会的高素质技能人才，为出彩中原增添新的荣光！"

实现河南零突破！新乡小伙获世界技能大赛铜牌，认真的样子帅呆了

（来源：河南商报）

第 45 届世界技能大赛于 8 月 27 日在俄罗斯喀山落下帷幕。在这项被誉为"世界技能奥林匹克"的比赛中，来自河南化工技师学院的贺江涛获得工业控制项目铜牌，开创了河南省技工院校参赛和获奖的历史先河。

从入学时不起眼的"丑小鸭"到为中国赢得奖牌，贺江涛成功的秘诀有哪些？他是如何理解工匠精神的？

从小就爱动手，踏着门槛进入国家集训队

在第 45 届世界技能大赛上，来自河南化工技师学院的贺江涛，经过 4 天激烈角逐，战胜日本、德国、瑞士、巴西等 13 个国家的强劲对手，获得工业控制项目铜牌。这不仅是河南省第一次有本省培养的选手代表中国参加世界技能大赛，还实现了河南省技工院校乃至河南全省在世界技能大赛上奖牌零的突破。

9 月 25 日，河南商报记者在河南化工技师学院见到了贺江涛。他今年 21 岁，新乡获嘉人，腼腆的性格搭配工装，散发着"理工男"的气质。

2016年，贺江涛考入了河南化工技师学院机电仪一体化专业。他透露，之所以选择这个专业，跟他从小爱动手有关系：小学三年级就开始拆卸、组装遥控器，后来延伸到了手机和家电。

河南化工技师学院的老师陈征介绍，世界技能大赛工业控制项目需进行电路设计、主项目安装与接线、编程、故障排查四个模块的比赛，共4天20个小时。在贺江涛参加第45届世界技能大赛以前，工业控制项目的国家集训队里还未出现过河南选手。2018年6月，贺江涛以第10名的成绩"压线"入选国家集训队。

成功靠自己的劲头，也靠团队的配合

虽是"压线"进入国家集训队，贺江涛却没想"打酱油"。面对"往年国家集训队从来没有过第10名成为正选"的情况，他只有付出更多的努力。

"总结下来，就是要有让微笑成为习惯的亲劲，自觉自愿的干劲，善学善思、精益求精的钻劲，遇到挑战不服输的倔劲，遇到挫折不气馁的韧劲。"贺江涛说。

除了自身的努力，团队的帮助不可或缺。

在集训期间，贺江涛的主教练陈征全程陪伴，同吃同住。学校教练团队、心理体能团队、后勤保障团队密切合作。学校还请来专业的心理咨询师和按摩师帮忙。

最终，这些付出成就了贺江涛这匹"黑马"，他闯进了世界技能大赛。

上 贺江涛在学院世赛基地训练（一）

中 贺江涛在学院世赛基地训练（二）

下 贺江涛演示主项目安装与接线

他认为的工匠精神,就是不断追求完美

业内人士公认的一种说法是,一个国家或地区在世界技能大赛中取得的成绩在一定程度上代表了这个国家或地区的技能发展水平,反映了这个国家或地区的经济技术实力。发达国家,特别是制造业强国都高度重视世界技能大赛,参赛得到国家的大力支持和国民的高度关注。

近年来,随着中国世界工业制造大国领先地位的逐渐确立,中国从"中国制造"向"中国智造"转型升级,国家对技能人才的培养极为重视,中国需要工匠精神。

经历过世界技能大赛的洗礼,贺江涛是如何理解工匠精神的呢?"我觉得就是优化无止境,"他说,"既然不完美,就要一直完善、优化,追求99.9%,99.99%……"

如今,毕业后的贺江涛放弃了高薪的工作,选择留在学校担任老师和教练。他说:"学校培养我投入了很多,我也应该回报学校,把我的经验分享给更多的人。"

记　　者:崔　文/文
　　　　　邓万里/图
见习编辑:熊子文
实　习　生:李英旋　张惟一

河南小伙"过5关战9将"华丽逆袭勇夺世界技能大赛奖牌

(来源:大河网)

贺江涛载誉而归

你心中对"大国工匠"怎样理解?贺江涛给出的解释是"优化无止境"。9月25日,大河网记者采访了河南化工技师学院的贺江涛,在第45届世界技能大赛上,他获得了工业控制项目铜牌。这是第一次有河南选手在该项目上代表中国参加世界技能大赛,也是河南技工院校第一次在世界技能大赛上夺取奖牌。

世界技能大赛被誉为"世界技能奥林匹克",是技能领域规模最大的综合性赛事,其竞技水平代表了所在领域的世界最高水平,一个国家或地区能够在世界技能大赛中取得成绩,也反映了这个国家或地区的经济技术实力。

第45届世界技能大赛于8月22日在俄罗斯喀山举行,中国派出63位选手参加了全部56个赛项的比赛,共取得16个项目金牌、14个项目银牌、5个项目铜牌和17个项目优胜奖的优异成绩,贺江涛是在工业控制项目上夺得了一枚铜牌,为祖国争了光。

备赛两年 "过5关战9将"

贺江涛是新乡人,他的第45届世界技能大赛备赛之路从两年前就开始了。2017年12月,他通过层层选拔进入了世赛工业控制项目学校集训队。2018年4月,他在河南省选拔赛中获得第1名,拥有了代表河南参加国赛的资格。2018年6月的全国集训队选拔赛有10位选手入选,而贺江涛作为第10名,踏着门槛幸运进入了国家集训队。2018年12月,在国家队集训选拔"10进5"考核中,他从之前的第10名逆袭成为第2名,成功晋级下一阶段。2019年3月,他又在"5进1"考核中,以总分第1名身份获得国家正选选手资格。

从学校集训队到国家集训队,贺江涛勇闯5关,最终成功击败国家队的其他9位选手,成为唯一一位在工业控制项目上代表中国征战世界大赛的选手。

"黑马"的逆袭：补上短板 保持优势

在国家集训队里，贺江涛遇到了一位强劲对手。贺江涛和这位选手的成绩一直处于交替上升状态，这位选手所在的院校在工业控制项目上具有先天的优势，其教练为第 44 届世界技能大赛工业控制项目冠军，实力不容小觑。

贺江涛介绍，工业控制项目有四个模块的考核内容，分别是主项目操作（安装）、控制与调试（编程）、电气控制电路原理图设计或功能改进（电路设计）、电气装置故障检测与定位（排故）。

"这两个选手各有优势，另一名选手的优势是安装，贺江涛的优势是编程、电路设计和排故，安装相对而言是短板。"贺江涛的主教练陈征告诉记者。"5 进 1"的比赛，俩人不分伯仲，竞争非常激烈。贺江涛经过刻苦训练，安装这个弱势模块慢慢赶上了，最终以第 1 名的成绩获得了唯一的国家正选选手资格。

身披荣誉　砥砺前行

在 4 天 20 个小时的比赛时间里，贺江涛在第一天和第二天都获得了满分，第三天和其他选手一样都被扣了一些工艺的分数，但仍然是第一名，第四天比赛被发现一个参数设置错误，导致他与金、银牌失之交臂。贺江涛感到一丝惋惜，但依然有满满的获得感，他说："纵然没拿到金牌，但在世赛赛场上，我已经证明了自己的能力，验证了'幸福是奋斗出来的'这个真谛。"

现在，贺江涛已经毕业了，他目前在母校做教练，为培养更多的世赛人才而辛勤耕耘。贺江涛满载荣誉而归，而他的前

上　贺江涛在学院世赛基地训练
下　贺江涛演示主项目安装与接线

程之门才刚刚打开。他说:"人生有梦不觉远,既然选择了远方,便只顾风雨兼程。我们有幸生于伟大的中国、伟大的时代,纵然追梦路上山高路险,但我们有技能和关爱作为双翼,那就坚定信心,振翅远翔,将自己的人生梦与辉煌壮丽的中国梦交织成最美的青春诗篇。"

记者:刘晓明
编辑:史海山

人力资源和社会保障部召开世赛总结大会 深入学习贯彻习近平总书记重要指示精神 我省选手贺江涛获奖励！

（来源：河南就业）

9月23日，第45届世界技能大赛参赛总结大会在北京举行。会议深入学习习近平总书记对我国技能选手在第45届世界技能大赛上取得佳绩作出的重要指示和李克强总理的批示精神以及胡春华副总理的讲话要求，研究部署贯彻落实工作措施，并对获奖选手和为参赛工作作出突出贡献的单位及个人予以表扬和奖励。

会议强调

各级人力资源和社会保障部门必须坚决把思想和行动统一到习近平总书记重要指示精神和党中央决策部署上来，切实增强做好技能人才工作的使命感责任感紧迫感。

要开展大规模职业技能培训，突出重点群体，提升培训质量，确保完成职业技能提升行动目标任务。

要健全技能人才培养、使用、评价、激励制度，在全社会积极营造劳动光荣、技能宝贵、创造伟大的良好氛围，不断夯实技能人才发展基础。

要全力做好第 46 届世界技能大赛筹备工作，努力办成一届富有新意、影响广泛的世界技能大赛。

要促进世界技能大赛成果转化，健全完善我国职业技能竞赛体系，发挥技能竞赛对于技能人才培养的带动作用。

人社部党组书记、部长张纪南和党组成员耿文清、汤涛、游钧、张义全出席会议。第 45 届世界技能大赛中国组委会成员单位以及有关省（区、市）人社厅（局）、行业、企业负责同志，各项目牵头中国集训地主要负责同志参加会议。第 45 届世界技能大赛金牌获得者、中国技术指导专家、翻译、集训基地和地方人社系统代表分别作了会议发言。

总结大会上启动了第 4 届中国青年技能营活动。技能营于 2019 年 10 月在江西举办。

人力资源社会保障部关于表扬第 45 届世界技能大赛获奖选手和为参赛工作作出突出贡献的单位及个人的决定

人社部发〔2019〕97 号

2019 年 8 月 22 日至 27 日，第 45 届世界技能大赛在俄罗斯喀山举行。我国代表团参加了全部 56 个比赛项目，取得 16 枚金牌、14 枚银牌、5 枚铜牌和 17 个优胜奖的优异成绩，再次荣登金牌榜、奖牌榜和团体总分第一，取得了我国参加世界技能大赛以来的最好成绩。根据《世界技能大赛参赛管理暂行办法》有关规定，我部决定：

一、对在第 45 届世界技能大赛数控车等 16 个项目中获得金牌的黄晓呈等 20 名同志,予以通报表扬,各奖励人民币 30 万元(免税),并按有关规定由相应职业资格实施机构为其晋升高级技师职业资格,或按有关规定由相应职业技能等级认定机构为其晋升高级技师职业技能等级。同时,对上述 16 个项目中国技术指导专家组(含技术指导专家、教练和翻译,下同)各奖励人民币 30 万元(免税)。

二、对在第 45 届世界技能大赛信息网络布线等 14 个项目中获得银牌的韦国发等 16 名同志,予以通报表扬,各奖励人民币 18 万元(免税),并按有关规定由相应职业资格实施机构为其晋升技师职业资格,或按有关规定由相应职业技能等级认定机构为其晋升技师职业技能等级。同时,对上述 14 个项目中国技术指导专家组各奖励人民币 18 万元(免税)。

三、对在第 45 届世界技能大赛工业控制等 5 个项目中获得铜牌的贺江涛等 5 名同志,予以通报表扬,各奖励人民币 12 万元(免税),并按有关规定由相应职业资格实施机构为其晋升技师职业资格,或按有关规定由相应职业技能等级认定机构为其晋升技师职业技能等级。同时,对上述 5 个项目中国技术指导专家组各奖励人民币 12 万元(免税)。

四、对在第 45 届世界技能大赛 CAD 机械设计等 17 个项目中获优胜奖的林楚镇等 18 名同志,予以通报表扬,各奖励人民币 5 万元(免税),并按有关规定由相应职业资格实施机构为其晋升技师职业资格,或按有关规定由相应职业技能等级认定机构为其晋升技师职业技能等级。同时,对上述 17 个项目中国技术指导专家组各奖励人民币 5 万元（免税）。

五、对第 45 届世界技能大赛金、银、铜牌和优胜奖获得者中未获得过"全国技术能手"荣誉的，根据有关规定，由我部授予"全国技术能手"荣誉。

六、对第 45 届世界技能大赛货运代理等 4 个项目的参赛选手王慧文等 4 名同志，予以通报表扬，并按有关规定由相应职业资格实施机构为其晋升一级职业资格，或按有关规定由相应职业技能等级认定机构为其晋升一级职业技能等级。

七、对在第 45 届世界技能大赛参赛工作中作出突出贡献的江西洪都航空工业集团有限责任公司等 218 个第 45 届世界技能大赛中国集训基地，徐剑锋等 242 名中国技术指导专家、段宜宏等 56 名中国翻译、徐龙等 276 名中国教练，予以通报表扬。

八、对在第 45 届世界技能大赛参赛工作中作出突出贡献的北京市人力资源社会保障局等 45 家单位，予以通报表扬。

九、对赞助支持第 45 届世界技能大赛参赛工作的常熟服装城集团有限公司等 7 家企业，予以通报表扬，并颁发荣誉牌匾。

十、对第 45 届世界技能大赛其他入围集训选手黄少华等 463 名同志，予以通报表扬，并按有关规定由相应职业资格实施机构为其晋升一级职业资格，或按有关规定由相应职业技能等级认定机构为其晋升一级职业技能等级。

希望受表扬的单位和个人珍惜荣誉、戒骄戒躁、再接再厉，充分发挥示范带头作用，做好技能技艺传帮带，积极促进竞赛成果转化，推动本领域技能水平整体提升。希望广大企业职工和院校师生向获奖选手学习，刻苦钻研技术，努力提高技能水平，争做国家经济建设需要的高技能人才。希望各地、各部门深入贯彻落实党的十九大精神，大规模开展职业技能培训，广泛组织职业技能竞赛活动，积极参与世界技能大赛工作，加大竞赛典型宣传力度，为建设知识型、技能型、创新型劳动者大军，弘扬劳模精神和工匠精神，营造劳动光荣的社会风尚和精益求精的敬业风气作出新的贡献。

世界技能大赛选手贺江涛的青春奋斗曲

(来源：河南工人日报)

"那天，当主持人念到我参加的工业控制项目，热闹的万人会场瞬间安静了下来，静得我只听到自己的心跳。随后的一句'China'把我拉回现场，刹那间，我泪流满面。我连国旗都没准备，是旁边的小伙伴递给了我一面国旗。我不知自己是如何走上领奖台的，更不知是如何走下去的，只知道合影时，我和闫老师还有校长紧紧拥抱在一起，眼泪怎么也擦不干。"虽然比赛已经过去近两个月，但贺江涛回忆起来，仍历历在目。

第45届世界技能大赛于8月27日在俄罗斯喀山落下帷幕。在这项被誉为"世界技能奥林匹克"的比赛中，来自河南化工技师学院的贺江涛获得工业控制项目铜牌，实现了我省世界技能大赛奖牌零的突破。近日，记者在河南化工技师学院世界技能大赛集训基地见到贺江涛时，他正在给校训队的选手们进行培训，看着还像学生的他已经是该校的老师了。

贺江涛是新乡获嘉人，高中毕业后考入河南化工技师学院机电仪一体化专业，也由此与世界技能大赛结缘。

河南化工技师学院的老师陈征介绍，世界技能大赛工业控制项目需进行电路设计、主项目安装与接线、编程、故障排查四个模块的比赛,共 4 天 20 个小时。在贺江涛参加第 45 届世界技能大赛以前,工业控制项目的国家集训队里还未出现过河南选手。2018 年 6 月,贺江涛以第 10 名的成绩"压线"入选国家集训队。虽是"压线"进入国家集训队,贺江涛却没想"打酱油"。面对"往年国家集训队从来没有过第 10 名成为正选"的情况,他只有付出更多的努力。

贺江涛说:"有很多小伙伴惧怕挫折,而我在集训中一直害怕没挫折。记得在'10 进 5'第二轮考核前,我们学校校长到湖北看望我,他问我有什么问题需要他帮忙,我回答说,我目前最大的问题是没发现问题。因为在集训中,我的一切都还没达到完美,用专家组组长闫老师的话说就是'优化无止境'。既然不完美,就要一直完善、优化,追求 99.9%、99.99%……我认为征战赛场,对于挫折一定要有正确的认识,要有胜不骄败不馁的韧劲。"贺江涛说除了自身的努力,团队的帮助不可或缺。在集训期间,贺江涛的主教练陈征全程陪伴,同吃同住。学校教练团队、心理体能团队、后勤保障团队密切合作。学校还请来专业的心理咨询师和按摩师帮忙。

最终,这些付出成就了贺江涛这匹"黑马",他闯进了世界技能大赛。

"通过这次世界技能大赛的交流,我发现自己身上还有很多不足。奖牌只代表着过去那一刻的辉煌,而自己的人生之路,只是在一个全新的起点起步。"贺江涛说,"学校培养我投入了很多,我要回报学校,而且我想在 2021 年的上海世界技能大赛中尽一份绵薄之力,把自己在喀山比赛中的经验、教训毫无保留地传授给下一届选手。"

记者:陈微娴

贺江涛：第45届世界技能大赛勇夺铜牌

（来源：河南广播电视台）

河南卫视报道贺江涛事迹（请扫描二维码观看视频）

近日，我省全民技能振兴工程又取得新佳绩，来自河南化工技师学院的贺江涛，在不久前举行的俄罗斯喀山第45届世界技能大赛上勇夺铜牌。这是我省首次有本省培养的选手代表中国参加世界技能大赛，也是河南高职院校第一次在世界技能大赛上夺得奖牌。那这个奖项有多难得呢？世界技能大赛向来被誉为"技能奥林匹克"，是世界技能领域规模最大的综合性赛事，竞技水平代表着世界职业技能领域的巅峰。本届大赛有69个国家和地区的1355名选手参加，贺江涛经过四天激烈角逐战胜了日本、德国等13个国家的强劲对手，获得工业控制项目铜牌，难度可想而知。那么这个年轻小伙子有什么样的成才故事，获奖后的他又在忙活什么呢？我们一起到他的学校一探究竟。

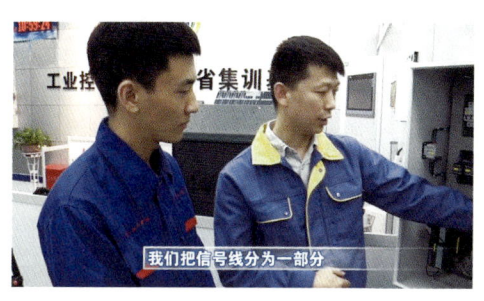
贺江涛就遇到的问题与教练讨论

上午十点，记者在河南化工技师学院一个机电实训车间看到，贺江涛一身工装正在模拟演练着在世界技能大赛中的一些环节，对于这个过程中产生的新思路，他会及时和身旁的教练讨论……

这届大赛虽然结束了，但是贺江涛前进的脚步始终没有停下。眼下他把自己当作了对手，继续提升。在很多人眼中，贺江涛是第45届世界技能大赛工业控制项目里的一匹"黑马"，从全国选拔赛里的第10名，到国家队"10进5"三轮考核赛后的第2名，再到国家队"5进1"两轮考核赛后的第1名，继而获得代表国家征战喀山世界大赛的资格，一步一个进阶的背后，是他从小对机电的热爱。

贺江涛说："我自己在家里，有时候会拆掉一个收音机，感觉那些电路像有生命似的，再把它连到一块，它又能动起来。"

这种对机电的热爱使得贺江涛从踏入学院的那一刻起，就变了个人一样，生活习惯也发生了明显的变化。

贺江涛表示，自己已经两年没有接触过游戏了，之前也是爱打游戏，但后来太忙了，像打游戏、看短视频之类的后来就没再做，感觉有点浪费时间。

工业控制中的基础安装讲究的是精准、简洁、美观，而这些只有在反复练习中才能提升自己的技能水平，这一切看在教练的眼中，既欣慰又心疼。贺江涛的主教练陈征老师说："练习次数已经数不清了，但是有一个数字可以说明问题，耗材费花了300多万，300多万全让他给切、锯、割掉了。"

作为在世界级竞赛中获奖的高技能人才，21岁的贺江涛一下赛场就成为众多外省市院校、企业竞相争抢的对象，目前他已获得在北京落户的资格，还有外地单位开出了年薪200万元的薪酬吸引他入职，但贺江涛最终仍然选择回母校任职。他说："因为人要有感恩之心，我们学校一直崇尚这个，我会将自己在比赛中的一些经验和教训言传身教，跟自己的学生分享，让他们以后不再走我做过的弯路，希望他们以后能够超越我，取得更好的成绩。"

河南化工技师学院党委书记唐维彦表示："通过特殊人才

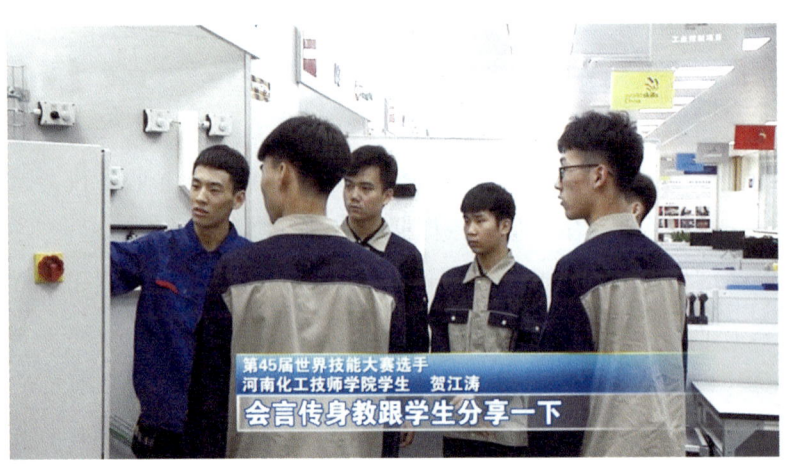

贺江涛在指导学生

引进，贺江涛目前已经成为我们学校的一名正式员工。为了充分发挥贺江涛的优势和作用，学校给他提供了一个很好的平台，让他承担第46届世界技能大赛工业控制项目教练。"

据介绍，为了选拔培养最优秀的选手冲击世界技能大赛奖牌，在人社部、省人社厅的大力支持下，目前，河南化院建设了世界技能大赛集训基地，从在校生中选拔最优秀的学生进行系统专业的培训。

省人社厅职业能力建设处处长张荣瑞表示："这给我们全省技工院校起到了非常好的示范作用，也激励着我们更多的莘莘学子投身到技能成才之路。下一步我们将以此为契机，进一步完善技能人才培养体系，加快技工院校的改革创新发展，争取提供更多的知识型、技能型、创新型的综合型技能人才。"

记者：屈　丰